Zacharias Heyes

Der kleine Mönch und die Sache mit der Stille

Die Geschichte des kleinen Mönchs
wird erzählt von Matthias E. Gahr

Zacharias Heyes

DER KLEINE MÖNCH UND DIE SACHE MIT DER STILLE

VIER TÜRME

Inhalt

Durch das Fenster in der kleinen Küche des Klosters fielen die ersten warmen Sonnenstrahlen des Sommers. In ihnen tanzten ein paar Staubflöckchen, die der kleine Mönch zu fangen versuchte. Eigentlich war er gerade dabei, im Waschbecken aus dem großen Topf die letzten Krümel des Mittagessens zu spülen. Klappernd fiel dabei der schwere Griff des Kessels von einer Seite auf die andere, und diesen Rhythmus aufgreifend, begann er fröhlich zu singen. Er wippte von einem Bein aufs andere – da schaute der Abt über die Schwelle in die Küche.

»Vater Abt!«, rief der kleine Mönch freudig, »Vater Abt, wie schön, dass Ihr mich besuchen kommt! Hätte ich das gewusst, hätte ich Früchtebrot gebacken und Kaffee gekocht! Seid Ihr durstig? Mögt Ihr ein Glas Milch? Von der Nachspeise sind noch ein paar Nüsse übrig. Oder mögt Ihr einen Apfel?«

Der Abt kam näher, nickte, setzte sich an den kleinen Holztisch und nahm eine Nuss. »Ich bin gekommen«, sagte er langsam, »um zu sehen, wie es deiner Stille geht.«

»Oh«, machte der kleine Mönch. »Die Stille, ja, natürlich.« Er schämte sich ein bisschen, dass er vorhin so laut gesungen hatte.

»Stille ist wertvoll«, fuhr der Abt fort. »Du solltest sie gut behüten!«

Während der kleine Mönch über die Worte des Abtes nachdachte, nahm dieser sich noch eine Nuss, stand auf, neigte kurz den Kopf zum Gruß und ging zur Tür hinaus in den Klostergarten.

Der kleine Mönch erwachte aus seinen Gedanken, sprang ihm rasch hinterher und erwischte ihn, als er noch kurz beim Olivenbäumchen stehenblieb.

»Vielen Dank, Vater Abt«, sagte der kleine Mönch, »für Euren Besuch!« Er verneigte sich tief, und der Abt bog um die Ecke der hohen Gartenmauer, hin zum Erdbeerfeld.

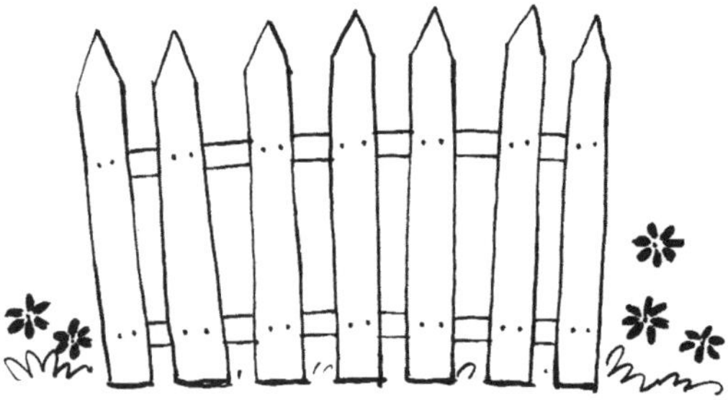

Die Suche

Seit vielen Jahren lebe ich nun schon in einem Kloster zusammen mit vielen anderen Mönchen. Tagein, tagaus besteht mein Leben aus einem gleichmäßigen Rhythmus: aufstehen, beten, frühstücken, arbeiten, beten, Mittagessen, arbeiten, beten, Abendessen, beten, schlafen.

Seit einiger Zeit empfinde ich mein Leben immer wieder einmal als anstrengend. Es ist zu laut geworden. Vielleicht, weil es viele Geräusche um mich herum gibt. Immer mehr, wie mir scheint. Handy, Fernsehen, Musik – all das hat es früher im Kloster nicht gegeben. Dazu kommen die vielen E-Mails, die mich tagtäglich erreichen. Menschen bitten mich um eine Führung durch das Kloster, andere fragen nach einem Aufenthalt hier, wieder andere brauchen dringend ein Gespräch. Das sind dann zwar keine laut hörbaren Stimmen, aber Wünsche von Menschen, die an mich herangetragen werden und mit denen ich mich auseinandersetzen muss. Sie lassen mich oft eher unruhig als still werden. Wo ist nur meine geliebte Stille hin? In der Stille – so habe ich es immer empfunden – lässt sich Gott finden; das Größere, um das es beim Mönchsein schließlich geht. Die Frage, die mich nicht loslässt, ist: Wie kann ich die Stille neu finden?

Die jungen Männer, die in unser Kloster zu Besuch kommen und einige Tage bleiben oder sogar darüber nachdenken, Mönch zu werden, sprechen ebenfalls oft von ihrer Sehnsucht nach Stille, ohne immer genau sagen zu können, was sie in der Stille zu finden hoffen. In ihnen gibt es das Gefühl: Es muss mehr als alles geben. Manche haben die Vorstellung, dass sich ihnen irgendwann in der Stille des Klosters der Himmel öffnet, ein großes Licht sie umstrahlt, sie in einen tiefen Frieden finden, alles gut ist und dieser Frieden nie mehr von ihnen weicht. Diese Vorstellung ist ein Wunschbild und hat mit dem Leben im Kloster nicht viel zu tun. Als ich selbst Novize war, hat es mir sehr geholfen, dass ich erst einmal ganz praktische Tätigkeiten verrichten musste, wie zum Beispiel Putzen und in der Gärtnerei jäten, säen und ernten. Glaube – so wurde mir damals immer gesagt – muss

alltagstauglich sein. Wenn es überhaupt eine echte Stille gibt, dann muss sie auch zwischen den Putzeimern und Kochtöpfen mitten im Alltag zu finden sein. Und nicht nur in den Zeiten des Gebets und der Meditation.

So denkt es sich der kleine Mönch ja eigentlich auch, wenn er in der Küche arbeitet, die Töpfe reinigt und dabei fröhlich singt. Das hatte er wohl etwas selbstvergessen getan und erst die Erinnerung des Abtes – »Stille ist wertvoll« – macht ihn darauf aufmerksam. Wobei die Frage bleibt, was Stille wirklich ist: die Abwesenheit von Geräuschen oder etwas ganz anderes? Kann der kleine Mönch nicht auch in den Geräuschen, die er macht, Stille finden – einen Raum, in dem er das Größere, um das es geht, entdecken, spüren, indem er ihm nahe sein kann?

Aber nicht nur die jungen Männer, die über ein Leben als Mönch nachdenken, kommen mit dieser Sehnsucht nach Stille. Auch in Gesprächen mit den anderen Gästen des Klosters höre ich immer wieder, dass sie sich endlich mehr Zeit für Ruhe wünschen, um bei sich selbst anzukommen. Im Kloster wollen sie dann damit beginnen. Ich habe den Eindruck, dass diese Sehnsucht in letzter Zeit stärker geworden ist und immer mehr Menschen nach der Stille suchen. Ihr Leben ist oft bestimmt von äußeren Anforderungen, von Dingen, die getan werden müssen: Kinder anziehen, Brotzeit richten, zur Arbeit gehen, nach Hause kommen, einkaufen, kochen, Hausaufgaben mit den Kindern machen. Und am nächsten Tag das Gleiche. Da bleibt nicht viel Zeit für anderes – schon gar nicht für die Stille. Allein deshalb, weil man den ganzen Tag mehr oder weniger gezwungen ist zu kommunizieren, damit der fragile Tagesablauf nicht zerbricht und alles im Chaos endet.

Für viele stellt sich dann die Frage: Ist das, dieser immer gleiche Alltag, wirklich das Leben?

Was ich aber auch immer wieder merke, die Menschen, die zu uns kommen, können eines gar nicht leiden: schnelle Antworten, egal von wem. Sie wollen ihre eigenen finden. Dabei darf ich Berater sein, Zuhörer, Spiegel, aber kein Dogma, kein »Antwortomat«, der ihnen vorgibt, wie es gehen soll, was sie denken sollen. Immer häufiger hat das auch in mir ausgelöst, dass ich darüber nachdenke, welches der erste Schritt auf der Suche nach Stille, nach der auch ich mich wieder sehne, für mich sein könnte.

Wie so oft hat mir dabei geholfen, dass die Gemeinschaft, in der ich lebe, eine so lange Tradition hat und dass es beinahe immer hilft, auf unsere eigenen Wurzeln zu schauen: die monastische Tradition und die Schriften unseres Ordensgründers Benedikt von Nursia.

Die Schweigsamkeit

Vater Abt sagt dem kleinen Mönch, dass Stille wertvoll sei. Der reagiert und spürt, dass er das fast vergessen hatte. Er hatte laut mit den Griffen der Töpfe geklappert und sein Lied dabei gesungen.

Der heilige Benedikt erwähnt in seiner Regel immer wieder, dass im Kloster Schweigen und Stille stets gewahrt werden sollen. Um sein Anliegen zu verstehen, kann folgende Aussage in seiner Regel ein Türöffner sein: »Nach dem Gottesdienst gehen alle in größter Stille hinaus und bezeugen Ehrfurcht vor Gott« (Regel des Heiligen Benedikt [RB] 52,2). Wenn wir Räume betreten beziehungsweise verlassen, in denen Gläubige verschiedener Religionen ihre Gottesdienste feiern, werden wir auch oft still und bezeugen damit Ehrfurcht vor diesem Raum und vor dem Geschehen darin, weil beides den Angehörigen dieser Religion heilig ist. Für sie findet in diesem Raum im gemeinsamen oder einzelnen Gebet immer auch Gottesbegegnung statt. In menschlichen Beziehungen wissen wir, dass tiefe, intensive Begegnungen einen Menschen verstummen lassen können, weil diese Begegnungen keine Worte brauchen. Man versteht sich mit Blicken und es genügt zu wissen: Der andere ist da. Solche Momente sind oft so etwas wie heilige Momente, weil man das Besondere des anderen spürt: dass er für einen selbst nicht nur ein Mensch unter vielen ist und man das »Göttliche« in ihm wahrnimmt.

In diesen Momenten muss auch im positiven Sinn nichts mehr gesagt werden. Die Qualität mancher Freundschaft und Beziehung zeigt sich gerade darin, dass man miteinander schweigen kann. Manchmal redet man nur aus Verlegenheit, weil eine Stille entsteht, die man meint, nicht aushalten zu können. Ich erinnere mich an ein Ehepaar, das mir erzählte, dass sie morgens nach dem Aufstehen vor allem anderen zuerst einen Kaffee trinken – und dabei schweigend nebeneinandersitzen. Ihnen genügt es, dass der andere da ist und sie gemeinsam den Morgen beginnen. Sie vergewissern sich: Ich bin nicht allein.

Darum geht es auch Benedikt in der Beziehung und Begegnung des Mönchs mit Gott. Für ihn ist Gott der, der beständig anwesend ist. Im Buch Exodus in der Bibel nennt Gott Mose in der Erzählung vom brennenden Dornbusch seinen Namen: »Ich bin der Ich-bin-da« (Exodus 3,14). Der Mönch ist einer, der diese Gegenwart

Gottes stets sucht und im Vertrauen auf diese lebt. Das Entscheidende ist, diese Gegenwart wahrzunehmen und sich ihrer zu vergewissern. Auch hier muss nichts geredet werden. Auch bei Gott ist im schweigenden Wahrnehmen alles gesagt.

Für Benedikt gilt: Auch im Bruder, in jedem anderen Menschen ist Gott immer anwesend. Wenn er sagt: »Überall ist Gott gegenwärtig« (RB 19,1), dann gilt das für alle Menschen. Ausdrücklich erwähnt er in seiner Regel den Abt, der Christi Stelle vertritt (RB 2,2); die kranken Brüder, in denen Christus gedient wird, wenn ihnen Hilfe zuteil wird (RB 36,1–3); die jüngeren Brüder, denen Gott manchmal eingibt, was das Richtige ist (RB 3,3), und die Gäste, die aufgenommen werden sollen wie Christus selbst (RB 53,1–2).

Deshalb solle man, wenn man dem Bruder begegnet, ihn etwas fragt, ihm seinen Ärger mitteilt und ihn somit gleich in Beschlag nimmt, erst einmal den schweigenden Blick auf ihm ruhen lassen und ihm Ehrfurcht entgegenbringen – weil in ihm Gott gegenwärtig ist. Schnell bemerkt man an seinem Gegenüber das, was nicht perfekt ist, und stört sich an seinen Fehlern und Schwächen. Jesus spricht davon, dass man zwar den Splitter im Auge des anderen sieht, aber nicht den Balken im eigenen Auge, also das Fehlerhafte an sich selbst (vgl.

Matthäus 7,3). Deshalb warnt Benedikt unter anderem vor Geschwätzigkeit, die zu Gelächter führt und damit vielleicht dazu, dass man sich über den anderen lustig macht, dass er ausgelacht, vielleicht sogar bloßgestellt wird. Er sagt: »Albernheiten aber, müßiges und zum Gelächter reizendes Geschwätz verbannen und verbieten wir für immer und überall« (RB 6,8).

Geschwätzigkeit ist das Gegenteil von Schweigen. Geschwätzige Menschen sind solche, die alle Neuigkeiten kennen, jedem Gerücht glauben, es verbreiten und anderen damit Unrecht tun, weil es eben nur Gerüchte sind – oft ohne Wahrheitsgehalt. Und manchmal möchte man mit dem Reden über andere eben auch nur von sich selbst ablenken. Es ist viel einfacher, über den anderen zu lästern, als seine eigenen Schwächen in den Blick zu nehmen. Deshalb, so Benedikt, soll man manchmal sogar auf gute Gespräche verzichten und schweigen, um mit der Aufmerksamkeit bei sich und bei Gott zu bleiben und nicht in die Gefahr zu geraten, den anderen zu verurteilen. Wer so schweigt und damit in sich gesammelt ist, kann auch besser hören und zuhören.

Heute sind Menschen vielen Stimmen ausgesetzt, die auf sie eindringen. Im Café läuft der Fernseher und man wird ununterbrochen und ungefragt mit Werbung, Musik, Nachrichten konfrontiert, wird »berieselt«, ohne es beeinflussen zu können. Fährt man Zug, hat man Sitznachbarn, die ständig telefonieren und damit vor allen anderen Fahrgästen ihre Seelenlage offenbaren. An den Bushaltestellen schreien uns Werbe- oder Wahlplakate an, selbst im Fahrstuhl und im Restaurant läuft ständig Hintergrundmusik, ebenso wie in den meisten Geschäften. Im Alltag sind wir darauf angewiesen, mit den Menschen zu kommunizieren, mit denen wir unser Leben teilen, damit wir Termine einhalten können und rechtzeitig am richtigen Ort sind. Im Beruf ist es die Kommunikation mit den Kollegen, aber häufig auch das, was wir als Smalltalk kennen: Reden um des Redens willen beziehungsweise um eine Lücke zu überbrücken oder ein unangenehmes Schweigen nicht aushalten zu müssen. Mit all dem nehmen unsere Ohren und damit auch unser Hirn und unser Herz täglich mehr auf, als der Seele guttut und von ihr verarbeitet werden kann. Wir kommen gar nicht mehr zu uns selbst. Genau das aber will Benedikt vermitteln. Er beginnt seine Regel mit dem Wort: »Höre!« (RB, Prolog 1) und lädt ein, auf sein Inneres zu hören und zu sich selbst zu finden. Er darf das entdecken, was ihm und seiner Seele guttut.

In unseren Jugendkursen ermutigen wir die jungen Menschen, das zu einzuüben: »Achtet auf euch selbst und hört in euch hinein, was ihr braucht und euch guttut«, sagen wir ihnen zu Beginn. Das kann zum Beispiel heißen, dass sie nach der Einheit am Abend nicht mehr mit anderen zusammensitzen, weil sie spüren, sie brauchen noch einen Spaziergang oder möchten früh schlafen gehen.

Im Alltag, auch im Klosteralltag, ist das nicht immer leicht umzusetzen. Häufig spüren wir das Bedürfnis nach Stille und Rückzug, nach Hören statt Berieselung gar nicht, bis wir uns eine Auszeit – wie in einem solchen Kurs im Kloster – nehmen und dann vielleicht zum ersten Mal spüren, wie viel Lärm, akustischem und visuellem, wir den ganzen Tag ausgesetzt sind,.

Im Kloster will die Regel des heiligen Benedikt dem Mönch genau diese Möglichkeit schenken: zurückzutreten, auszusteigen aus der »Geschwätzigkeit«, still zu werden, sodass jeder in Kontakt sein kann mit seinem göttlichen Wesensgrund. Dann redet er nur, wenn er Wesentliches zu sagen hat. Dabei geht es Benedikt jedoch nicht darum, das Sprechen zu verbieten um des Verbots willen oder weil er besondere Strenge walten lassen will. Er ist in all seinen Regeln immer auf das Wohl des Einzelnen bedacht. Und sieht daher den Weg des Mönches ins Schweigen und in die Stille als einen Weg, der in die Tiefe führt – oder, wie er sagt, zum Leben.

Die Stille

Ist aber das Anliegen Benedikts auch das, was die vielen Menschen zu uns in die Abtei und in die Stille führt? Warum ist Stille für die vielen Menschen, die uns über mehrere Tage besuchen und an unserem Leben teilnehmen, wertvoll? Warum kommen Menschen in unser Kloster und suchen bewusst eine Auszeit? Ist es, dass sie einfach einmal ihre Ruhe haben wollen? Mal gar nichts hören? Nicht ständig gefragt oder angesprochen werden von Kollegen und Mitarbeitern? Oder steckt tatsächlich mehr als nur die Abwesenheit von Geräuschen in dieser Sehnsucht?

Auch der kleine Mönch fragt es sich: Was macht Stille so wertvoll? Warum weist der Abt mich darauf hin? Was soll ich neu entdecken? Eigentlich fühlte er sich doch wohl in seinem Singen und Töpfeklappern! Und darum soll es doch gehen – oder?

Ich kenne einige, denen es wichtig ist, sehr bewusst diese stille Zeit im Kloster zu planen. Sie nehmen kein Handy mit und sind nur in ganz dringenden Fällen über die

Klosterpforte telefonisch zu erreichen. Sie brauchen Abstand, Regeneration, und suchen einen Weg zu ihren inneren Energiequellen, die durch Überlastung im Alltag versiegt sind.

Wieder andere merken, dass sie zu wenig Zeit haben, um ihren spirituellen Weg zu gehen. Sie sehnen sich nach Zeit, um mit Gott in Kontakt und im Gespräch zu sein. Sie gehen bewusst ins Schweigen, lesen die Bibel, sprechen mit einem Mönch, um bei sich und bei Gott anzukommen.

Aber Stille »ist« nicht nur einfach. Auch wenn viele die Sehnsucht nach Stille in sich spüren, tauchen dann, wenn sie endlich herrscht, zunächst Unruhe und Nervosität auf. Immer wieder erzählen mir Menschen, dass sie diese große Sehnsucht nach Stille haben und gleichzeitig vor ihr zurückschrecken. Sie spüren, dass in sich hineinzuhören eben auch heißen kann, dass zunächst Dinge aufsteigen, die sie gar nicht wahrnehmen möchten, weil sie schmerzhaft sind oder traurig. Manche stürzen sich dann in Arbeit, weil sie noch nicht bereit sind, sich mit einem wichtigen inneren Thema auseinanderzusetzen, in sich zu gehen und der Sehnsucht nach Stille zu folgen. Es braucht Zeit und Mut, sich auf die Stille einzulassen und auf das zu hören, was dann in einem selbst laut wird.

Jene aber, die es wagen und aushalten, spüren oft, dass etwas in ihnen in Bewegung kommt. Und manchmal auch wieder ins Lot, selbst wenn der Weg dahin nicht immer einfach oder »schön« ist.

Ich erinnere mich zum Beispiel an eine Frau, die für einige Tage hier war. Nach dem Tod ihres Mannes hatte sie viel Organisatorisches zu erledigen, war dadurch abgelenkt von ihrem inneren Empfinden und wollte jetzt endlich abschalten und zur Ruhe kommen. Sie war überrascht, wie viele Tränen in ihr aufstiegen, wie viel Trauer in ihr laut wurde, als der Rest der Welt still wurde. Sie hatte das Gefühl, den ganzen Tag weinen zu können. Am Ende war sie froh, dass sie blieb, aushielt und weinte. Das tat ihr gut und war für sie ein wichtiger Schritt zurück ins Leben – wenn auch ohne ihren Mann.

Dann gab es einen Gast, der im Familienbetrieb arbeitete, eine große Familie hatte, eigentlich glücklich war – und plötzlich wurde ihm in der Lebensmitte alles zu viel. Von außen betrachtet war alles gut: Frau und Kinder waren gesund, er hatte ein Haus und konnte die Familie ernähren. Und doch hatte er keine richtige Motivation mehr. In der Ruhe des Klosters und in Gesprächen wurde ihm klar, dass er sich immer noch unter Druck setzte, weil er es seinem Vater recht machen wollte. Im Kloster konnte er – auch aufgrund der räumlichen Entfernung – in Distanz zu seinem Vater gehen. In seinem Herzen spürte er, dass ihm ein anderer Beruf als der im Familienbetrieb viel mehr Freude bereitet hätte. Ich ermutigte ihn, das Gespräch mit seiner Familie zu suchen, seine Bedürfnisse zu äußern und gemeinsam nach Lösungen zu suchen. Nur dann, wenn er glücklich ist, wird er auch genug Energie haben, um für seine Familie zu sorgen und seinem Beruf mit ganzer Leidenschaft nachzugehen. Dann ist es sogar möglich, dass der Beruf, auch wenn er viel Zeit in Anspruch nimmt, Energie schenkt statt zu verbrauchen.

In festen Lebensformen, in eingespielten alltäglichen Abläufen und Routinen braucht es manchmal einen äußeren oder inneren Anstoß, in die Stille zu gehen und in sich zu horchen: Stimmt mein Leben für mich, so wie ich es lebe? Oder fehlt da noch etwas?

Die Dinge des Alltags können einen so sehr beanspruchen, dass wir uns um die Stille überhaupt keine Gedanken machen. Stille hat scheinbar keinen Platz. Wir sind dann wie der kleine Mönch, der von seiner alltäglichen Arbeit so in Anspruch genommen ist, dass er überhaupt nicht auf die Idee kommt, über Stille im Alltag nachzudenken. Erst der Hinweis von Vater Abt, dass Stille wertvoll ist, veranlasst ihn dazu. Für uns kann es gut sein, wenn uns jemand anderes auf diese Notwendigkeit hinweist. Manchmal brauchen wir einen solchen Menschen, der uns ab und an fragt: »Wie hältst du es mit der Stille?« Er wäre dann sozusagen der Vater Abt in meinem Leben. Vielleicht braucht diese Person auch die Erlaubnis von mir, dass sie mich hinweisen darf auf die Notwendigkeit von Stille in meinem Leben.

Ich selbst hatte auch ein Erlebnis mit der Stille, das sehr tiefgreifend war und sozusagen lebensentscheidend. Ich habe es nicht gesucht, es war vielmehr der Hinweis eines Mönches, der mich dazu brachte: Auf der Suche nach einer Antwort, ob ich den Weg als Mönch wagen sollte oder nicht, konnte ich mich lange nicht entscheiden. Mal fühlte ich mich zu dem einen Lebensentwurf, mal zu dem anderen hingezogen. Also beschloss ich, einige Tage in meinem jetzigen Kloster zu verbringen, um erstens einmal anzutesten, wie sich das Leben dort anfühlt, und zweitens die Antwort auf meine Frage zu finden, die mir so sehr unter den Nägeln brannte. Nach einigen Gesprächen meinte mein Begleiter in dieser Zeit: »So – jetzt musst du entscheiden, jetzt musst du in dich hineinhorchen. Wir sprechen erst wieder miteinander, wenn du weißt, was du willst.«

Das war für mich wie ein Schlag in die Magengrube. Ich wollte nicht schweigen, ich wollte reden! Vor allem wollte ich die Entscheidung nicht allein treffen, son-

dern jemanden haben, der mir mit Rat und Tat zur Seite steht – und am besten gleich für mich entscheidet. Von der einen auf die nächste Sekunde meinte ich, dass alle meine Erfahrungen von Verlassenheit und Alleingelassenwerden in mir aufstiegen, zusammen mit den dazugehörigen Gefühlen. In meiner Fähigkeit, mich in etwas hineinzusteigern, waren das mindestens tausend Situationen mehr, als es real je gegeben hatte. Ich hatte schon immer einen Hang zum Drama – oder besser zu Melancholie und Inszenierung. Wäre ich nicht Mönch geworden, wäre Schauspieler eine echte Alternative gewesen. Aber das war kein Spiel, sondern bitterer Ernst. Es ging um nicht weniger als um mein Leben. Keiner war jetzt da, der mir riet, der den Himmel öffnete, den allwissenden Engel herbeizauberte, was auch immer. Ich wollte um keinen Preis allein sein und war es doch. Mir selbst überlassen. Mutterseelenallein.

Ich wusste nicht, was ich machen, geschweige denn, wie ich eine Antwort finden sollte, ohne mit anderen Menschen zu reden. Zugleich war ich gezwungen, in der Stille meines Herzens eine Entscheidung zu treffen. Gemäß einem Satz meiner verstorbenen Tante – »Jung, trink dich erst mal eine Tasse Kaffee« (sie war wie ich Rheinländerin) –, war ich versucht, mich abzulenken oder auszuweichen, wegzulaufen. Zwar musste ich jetzt und hier nicht um mein Leben rennen, aber am liebsten wäre ich sehr weit weg gewesen von diesem Ort, zumindest aber ins Bett verschwunden. Decke über den Kopf, fertig. Morgen kann ich ja auch noch entscheiden, dachte ich. Jetzt lieber mal erst Kaffee trinken. Und dann Musik hören, shoppen gehen, mir einen Wein gönnen. Jeder hat da so seine eigenen Methoden, wie er sich in solchen Situationen am besten »vom Weg abbringt«.

Letzten Endes hilft dann alles nichts. Man muss sich der Situation stellen und die Ablenkungen durchschauen. Als Rheinländer sagte ich mir: Et ist noch immer jut jejange – es ist noch immer gutgegangen. Und eigentlich bin ich ja auch nicht so ganz allein. Immerhin: Gott ist da. Zumindest hatte er Mose gesagt, das sei sein Name, also sollte er jetzt mal etwas tun! Vertrauensbildende Maßnahmen nennt man das in Unternehmen und Gruppen. Auch wenn Gott kein Unternehmensberater ist, dachte ich, kann er mal irgendwas in diese Richtung unternehmen.

Schließlich habe ich es dann geschafft, mich dem zu stellen. Und ich bekam auch eine Antwort: In diesen Tagen hatte ich mich allein zu einer Wanderung auf einen kleinen Berg in der näheren Umgebung der Abtei aufgemacht. Dieser Berg beheimatet ein evangelisches Schwesternkloster, das man zu Fuß in drei Stunden erreichen kann. Der Weg geht durch den Wald, über Felder und durch die Weinberge. Je länger ich an diesem Tag in der Stille der Natur wanderte, desto entspannter und ruhiger wurde ich. Als ich mein Ziel erreichte, ging ich in die Kirche des Klosters. Ich war rechtzeitig zum Mittagsgebet dort und konnte davor noch einige Zeit in Stille in der Kirche verweilen und für mich beten. In dieser Stille leuchtete überraschend in mir mit überzeugender Klarheit die Antwort auf meine Frage auf: den Weg als Mönch zu beginnen und auszuprobieren, ist jetzt der nächste Schritt. Ich war unglaublich erleichtert. Ich erinnere mich noch sehr gut an den Rückweg. Beschwingt, fröhlich und Lieder summend ging ich meinen Weg. Ein halbes Jahr später setzte ich die an diesem Tag gewonnene Klarheit in die Tat um und wagte den Eintritt und damit das Mönchsein.

Vielleicht war für den kleinen Mönch das Klappern mit den Töpfen und sein Singen auch eine Ablenkung, ein Schutz, um nicht mit seinem Inneren konfrontiert zu werden. Bei ihm stand zwar keine große Lebensentscheidung an. Aber in der Stille muss es ja nicht immer um Großes gehen. Manchmal fehlt uns nur die Möglichkeit, uns selbst Raum und Zeit zu schenken, um mit uns in Berührung zu kommen und damit auch all dem Raum und Zeit zu geben, was sich in unserem Inneren angestaut hat: Tränen der Trauer, Unzufriedenheit mit der Arbeit, Ärger mit oder über Mitmenschen. Als erster Schritt genügt es, dies alles erst einmal zuzulassen, auch wenn es unerwartet hochkommt und wir die Stille ursprünglich nur gesucht haben, um unsere Ruhe zu haben. Und auch, wenn es im ersten Moment schwer auszuhalten ist, sich vielleicht sogar eine ganze Zeitlang »blöd« anfühlt – es lohnt sich.

Ich musste dann noch einmal an die Tasse Kaffee denken, zu der meine Tante mir geraten hat. Vielleicht ist sie gar nicht immer eine Ablenkung, sondern das Gegenteil. Denn manchmal ist dieser Moment, wenn man sich hinsetzt und in Ruhe eine Tasse Kaffee genießt, die einzige Zeit am Tag, in der es still wird, in der ich mir bewusst eine Auszeit nehme, bewusst nichts denke und tue, als eben nur den Kaffee zu genießen. Ab und zu darf und muss ich auch einfach die Ruhe und Stille genießen, ohne gleich wieder die Welt und mich selbst retten zu müssen. Schließlich hat Gott bei der Erschaffung der Welt nach sechs Tagen harter Arbeit am siebten Tag geruht – auch wenn ich mir nicht sicher bin, ob es im Himmel Kaffee gibt.

»Reden und Lehren kommen dem Meister zu,
Schweigen und Hören dem Jünger!«

RB 6,6

»Man soll der Schweigsamkeit zuliebe bisweilen
sogar auf gute Gespräche verzichten!«

RB 6,2

»Der Mönch hält seine Zunge vom Reden zurück,
verharrt in der Schweigsamkeit und redet nicht,
bis er gefragt wird. Zeigt doch die Schrift:
›Bei vielem Reden entgeht man der Sünde nicht.‹«

RB 7,56

»Nach dem Gottesdienst gehen alle
in größter Stille hinaus und bezeugen
Ehrfurcht vor Gott.«

RB 52,2

Fragen

Überlege einmal:

Wie laut ist dein Alltag? Wo würdest du dich auf dieser Skala einordnen?

❶ Bei mir gibt's immer was auf die Ohren: Musik, Fernsehen, Telefon, Youtube oder jemand zu Besuch. Und wenn es nichts gibt, dann singe ich – auch unter der Dusche!

❷ Mit den Kollegen reden, am Telefon reden, mit den Kindern reden, mit dem Partner reden – muss alles sein und ist auch gut so. Aber manchmal mache ich abends einfach nur alles aus und meine Ohren haben Pause.

❸ Ich brauche »Geräuschauszeiten« so dringend wie Schlaf. Ohne ab und zu abschalten zu können und gar nichts zu hören, fühle ich mich energielos und müde.

Übungen

- Magst du den Geräuschpegel in deinem Leben, so, wie er jetzt ist? Vielleicht hast du dir darüber eigentlich auch noch nie wirklich Gedanken gemacht – wie der kleine Mönch, der einfach gern beim Abwasch singt.
- Überlege doch einmal oder schreibe hier auf, wie ein typischer Tag bei dir aussieht und wie »laut« oder »leise« er ist. Gibt es darin Stillezeiten?
- Brauchst du sie?
- Genießt du sie?

Der kleine Mönch ging zurück in die Küche, setzte sich an den Tisch und dachte nach. »Stille ist wertvoll«, hatte der Abt gesagt. »Aber wie kann etwas wertvoll sein, das nur daraus besteht, dass nichts anderes ist?«

Er stand auf und lief um den Tisch, sah aus dem Fenster in den Garten hinaus, ging zum kleinen Kruzifix in der Ecke des Raumes, lief eine weitere Runde um den Tisch und setzte sich wieder.

»Lieder zu singen macht das Herz fröhlich, Gebete zu sprechen macht es fromm. Mit anderen Menschen zu reden ist höflich und lässt sie gut miteinander auskommen. Wenn ich Stille üben muss und nicht singen darf, wird mein Herz traurig, wenn ich die Psalmen nicht bete, wird Gott traurig, weil er denkt, ich habe ihn vergessen, wenn ich die Menschen nicht grüße, wird man denken, ich sei hölzern und stur und habe keine Manieren.«

So grübelte der kleine Mönch lange. Und kurz vor der Stunde des Abendlobes stand er auf, fasste sich ein Herz und sagte: »Nun gut, ich will es versuchen!«

Er ging zum Spülstein, nahm den großen Topf so leise wie möglich in die Hände, legte den klappernden Griff vorsichtig auf die Seite und stellte den Kessel an seinen Platz ins Regal.

Dann zog er sich die Küchenschürze aus, schritt bedächtig durch den kleinen Speisesaal und über den Kreuzgang in die Kirche.

Gemeinsam mit den anderen Mönchen begann er, die Psalmen zu singen – doch in aller Stille.

Drei Tage verbrachte er so: ohne bei der Arbeit im Garten zu singen, ohne mit den anderen zu reden (er hatte es ihnen mit Zeichensprache erklärt), sogar die Psalmen sang er schweigend. Um nicht wie üblich von den Leuten gegrüßt und angesprochen zu werden, ging er lieber nicht ins nahe Dorf – obwohl Markttag war und er ein paar frische Tomaten für die Klosterküche gut hätte gebrauchen können.

»Was soll das bringen?«, dachte sich der kleine Mönch. »Ich habe es mit der Stille probiert, und nichts daran war wertvoll.« Traurig fasste er den Entschluss, am nächsten Morgen zum Abt zu gehen, um ihn nach weiterem Rat zu fragen.

Aus freiem Entschluss

Der kleine Mönch probiert die Stille aus. Er entschließt sich dazu nach dem Rat von Vater Abt, auch wenn er selbst nicht ganz überzeugt ist und er sich mit dem Klappern der Töpfe und seinem Gesang ganz wohlgefühlt hat.

Das kommt mir bekannt vor. Bevor ich Mönch wurde, habe ich viele Jahre während meines Studiums über meinen Lebensweg nachgedacht – und den Fehler begangen, durch reines Denken, durch das Abwägen von Vor- und Nachteilen entscheiden zu wollen, wohin es gehen soll. Ich spürte durchaus die Faszination, als Mönch zu leben. Ganz besonders dann, wenn ich als Student in meinem jetzigen Kloster zu Gast war. Ich kam immer wieder, weil mich die Stille und die Ruhe, die die Abtei und die Mönche ausstrahlten, nicht losließen. Und hatte dabei ein Ideal vor Augen, das ich mir als verhinderter Schauspieler in meinen Gedanken ausmalte. Natürlich mit meinem Hang zum Drama völlig übertrieben: Ich wandle fromm, in mich versunken, mit aufgezogener Kapuze, die Nähe Gottes spürend, durch den Kreuzgang des altehrwürdigen Klosters – jeglicher Sorge des alltäglichen Lebens enthoben und den Engeln nahe.

Hinzu kommt, dass ich nicht nur hundertprozentig sicher sein wollte, dass der Weg als Mönch der richtige ist, sondern am besten hundertfünfzigprozentig oder noch besser zweihundertprozentig. Glasklar und ohne Zweifel sollte die Entscheidung sein! Wenn ich mich schon mutterseelenallein ohne Hilfe durchringen musste, dann doch bitteschön mit dieser mehr als bombensicheren Sicherheit. Eine solche habe ich allerdings – das muss ich nüchtern zugeben – bis heute nicht gefunden. Weder bei großen Weichenstellungen noch bei kleinen anderen Entscheidungen. Als ein Mitbruder vor der Entscheidung stand, Mönch zu werden, sagte eine Ordensfrau zu ihm: »Wenn es in dir 51 zu 50 steht für den Mönch, dann ist das eine Mehrheit!«

Ein Rest Unsicherheit – so viel weiß mein innerer Dramaturg mittlerweile – darf und muss vielleicht auch immer bleiben. Wichtig ist, Entscheidungen im Leben zu treffen, wenn sie getroffen werden müssen, sie nicht hinauszuzögern und es einfach auszuprobieren. Das tat ich dann auch. Ich kann noch so viel nachdenken, allein davon werde ich keine Lösung finden. Oder, wie es ein Mitbruder sagt: »Schraub mal den Kopf ab und hör auf deine Seele! Probiere einen Weg.« Erst wenn ich einen Weg gehe, werde ich wissen, ob es mein Weg ist. Nur dann kann der Boden unter meinen Füßen fester werden, sodass ich sicher gehen kann. Oder ich stelle fest, dass es eben nicht mein Weg ist – dann muss ich mich neu auf die Suche nach einem anderen begeben. Auch auf Umwegen gelangt man zum Ziel. Im Ausprobieren zeigt sich, ob auf diesem Weg das liegt, was ich suche und wonach ich mich sehne – ob es nun die Stille und Ruhe ist oder Erleuchtung oder Erfüllung.

Dabei spielt aber etwas Wesentliches eine Rolle: dass ich mich freiwillig auf die Suche mache. Ich bin mir sicher, ich wäre sonst sicher nicht so lange – mittlerweile 19 Jahre – hiergeblieben und hätte auch die schwierigen Zeiten ausgehalten. Wenn ich nicht das Bedürfnis nach etwas habe, nicht die Sehnsucht in mir spüre, dann werde ich mich auf dem Weg, den ich gehe, nicht wohlfühlen. Das gilt auch für die Stille: Nicht, weil es Regeln im Kloster gibt, die die Stille vorschreiben, halte ich sie ein. Oder weil es dazugehört, dass ein Mönch das Schweigen und die Stille als Grundhaltung übt, und nur, wenn er das tut, er ein guter Mönch ist. Im Lauf eines Weges muss sich der Sinn der Vorschriften zeigen und erschließen.

Vorschriften und Regeln haben meistens den Sinn, dass sie etwas ermöglichen, das ohne sie verloren ginge oder keine Beachtung fände. In einer Gemeinschaft wie die der Mönche ist beispielsweise ein Rahmen notwendig, der es ermöglicht, zu schweigen, in sich zu gehen und im Kontakt mit dem Göttlichen zu sein, ohne dabei ständig von dem »Geschwätz« der anderen und von äußeren Geräuschen abgelenkt zu werden. Es darf aber nie nur darum gehen, sich angepasst zu verhalten und die Regeln zu befolgen, weil es erwartet wird oder weil man es einem anderen zuliebe tut – beispielsweise dem Oberen, dem Vorgesetzten, den Eltern, dem Partner.

Auch der kleine Mönch hat damit so seine Probleme. Er sucht nach dem Sinn der Stille und erfährt sie zunächst einmal als sinnlos. Irgendwie widerspricht sie allem, womit er sich wohlfühlt und was er bisher in seinem Leben für wichtig gehalten hat. Daher will er den Vater Abt um weiteren Rat fragen. Aber vielleicht hat er auch noch nicht die richtige Form von Stille für sich entdeckt?

Denn eine Erkenntnis oder besser Erfahrung aus all den Jahren, die ich jetzt schon Mönch bin, ist: Es gibt verschiedene Formen des Schweigens und der Stille. Auch Sprechen kann ein Schweigen sein. Weil dieses Sprechen mich nicht aus meiner Mitte herausführt. Oder besser gesagt: mich nicht abbringt vom Sinn des Schweigens und der Stille. Bin ich in Exerzitien – zehn Schweigetage, die ich mir einmal pro Jahr gönne –, dann habe ich täglich ein Gespräch mit meinem geistlichen Begleiter. In diesem Gespräch kann ich die Themen benennen, die in mir aufgestiegen sind und mich beschäftigen, zum Beispiel Träume der vergangenen Nacht. Wir versuchen dann zu ergründen, welche Botschaft meine Seele mir mit diesem Traum aus der letzten Nacht mitteilen möchte. Dieses Sprechen lässt mich aber bei mir bleiben und mich selbst besser verstehen und lenkt nicht ab.

Gleichzeitig kann auch Lautes still sein: Seit über zehn Jahren bieten wir in unserem Gästehaus im Sommer einen Kurs in Steinbildhauen an. Wir wollen den Teilnehmern das benediktinische Motto »ora et labora« (bete und arbeite) praktisch erschließen und die alte handwerkliche Tradition des Klosters aufleben lassen. In diesen Kursen haben wir kein explizites Schweigegebot. Gerade deshalb ist es immer wieder faszinierend, dass man tagsüber am Arbeitsplatz im Freien ein gleichmäßiges Geräusch von Hammer und Meißel hört – mehr nicht! Die Teilnehmer werden im Arbeiten von sich aus still. Freiwillig, nicht, weil wir es vorschreiben. Sie merken, dass der gleichmäßige Rhythmus des Hammers still werden lässt, zur Ruhe führt. Sie nehmen wahr, dass nicht sie den Stein bearbeiten, sondern der Stein sie. Ein innerer Prozess wird angeregt. Ihr Stillwerden ermöglicht ihnen ein Hören auf diesen inneren Prozess. Hier stört das laute Klopfen und Arbeiten am Stein nicht mehr. Vielmehr fördert es die Konzentration auf das Innen. Die Teilnehmer nehmen wahr, welche inneren Bewegungen angeregt werden durch ihr Arbeiten und welche Impulse aufsteigen, um diese inneren Bewegungen im Außen am Stein sichtbar werden zu lassen. Nicht selten führt dies zu einem Staunen – über den angeregten Prozess im Innen und darüber wie dieser am Stein Form gewinnt und sichtbar wird.

Genauso kann ein Schweigen aber auch ein Sprechen, manchmal sogar ein Schreien sein. Zum Beispiel, wenn sich zwei Menschen anschweigen, wenn man förmlich den Konflikt der beiden spüren oder in der Stille hören kann. In solchen Momenten ist die Ruhe kein gefülltes und erst recht kein freiwilliges Schweigen, sondern eine aggressive Stille.

In meinem Suchen und Fragen zu diesem Thema ist mir neu deutlich geworden, was für mich das Wertvolle an der Stille ist. Und das wurde mir klar, als ich merkte, dass ich mich nach Jahren der Routine in meinem Leben oft von der Arbeit einnehmen lasse und meine, jede freie Minute damit füllen zu müssen, weil ich sonst das Tagespensum nicht schaffe. In diesem Moment erkannte ich: Um so nicht leben zu müssen, bin ich Mönch geworden! Wie schnell man doch in ein Fahrwasser gerät, Ideale aufgibt, an das Machbare glaubt – und sich nicht mehr traut, nach der Sehnsucht zu fragen.

Ich habe mir daher vorgenommen, die Momente neu wertzuschätzen, in denen ich die Stille in meinem Alltag lebe – trotz der alltäglichen Routine. Denn sie sind durchaus da, ich muss sie nur wiederentdecken und wahrnehmen.

Der Tagesbeginn ist ein solcher Moment. Ich genieße es, bewusst in der Stille des Morgens aufzustehen, ohne mich beeilen zu müssen. Dann kann ich mich zunächst in Ruhe im Spiegel betrachten: Wie nehme ich mich wahr? Wie schaue ich in die Welt? Habe ich Träume gehabt, die mir nachgehen? Manchmal notiere ich diese noch kurz, um mich später an sie zu erinnern und nach ihrem Sinn zu fragen.

Dann folgt das Morgengebet. Obwohl wir Mönche dabei die Psalmen sprechen, wahren sie doch die Stille und vertiefen sie. Der gleichmäßige Rhythmus, in dem sie gebetet werden, der meinen Atem und mich in einen gleichmäßigen Rhythmus bringt, führt mich in eine tiefe Ruhe. Ähnlich versucht es der kleine Mönch, wenn er die Psalmen still betet. Rein theoretisch könnten wir Mönche am Morgen auch eine dreiviertel Stunde lang miteinander schweigen, darin den Rhythmus des eigenen Atems wahrnehmen und spüren, wie diese Aufmerksamkeit zur inneren Ruhe führt.

Ein anderer Moment ist für mich die Stille am Samstag nach dem Abendgebet. Dann läuten unsere Kirchenglocken den Sonntag ein. Nach jüdischer Tradition beginnt mit dem Aufgang des Abendsterns der nächste Tag. Diese Tradition haben wir übernommen, daher beginnt der Sonntag für uns bereits am Samstagabend. Zehn Minuten lang habe ich Zeit, schweigend durch den Kreuzgang zu gehen, einige Minuten still im Garten zu sein, leise an einem Platz zu stehen oder zu sitzen, damit meine Seele versteht: Der Sonntag hat begonnen. Der Tag, der nicht der Arbeit gewidmet ist, sondern der Erholung, dem Gebet – Gott. Und der Erinnerung daran, dass Jesus von den Toten auferstanden ist und lebt. Es ist aber auch eine Einladung, in der Stille in Berührung mit meinem Innenleben und dem Menschen zu kommen, der ich wirklich bin. Nach C. G. Jung, dem bekannten Schweizer Psychoanalytiker, ist Jesus das Urbild des Menschen, der im Einklang mit sich selbst lebt. Wer im Einklang mit sich ist, ist demnach auch im Einklang mit seinem wahren Wesen, dem göttlichen Grund in sich. Diesem wollen die Stille und das Schweigen dienen.

Dann gibt es die kleinen stillen Momente im Alltag: Ich gehe von meiner Zelle in mein Büro und wähle meistens den Weg durch den Garten statt durch die Klostergänge. Ich spüre die frische Luft, atme bewusst einige Male ein und aus. Ich höre die Vögel singen, die Bäume rauschen, den Regen plätschern. Solche Momente sind es, die mich wieder sicherer werden lassen, dass dieses Leben, das ich freiwillig gewählt habe, für mich das richtige ist.

Zu diesem Leben mit der Stille aber braucht es jeden Tag neu mein freiwilliges Ja. Da das Bewusstsein dafür mir immer wieder abhandenkommt, muss mich oft erst ein anderer darauf aufmerksam machen oder muss sich die innere Sehnsucht unüberhörbar melden, der Mönch in mir »schreien«.

Selbst wenn in mir eine Sehnsucht nach Stille ist, bedeutet das nicht, dass der Weg, sie zu leben oder diese Sehnsucht zu erfüllen, immer einfach ist. Es ist wie in einer Beziehung und in einer Familie. Paare, die schon lange zusammen sind, erzählen manchmal, dass es durchaus Momente gibt, in denen man alles möchte, nur nicht mit dem Partner, der Partnerin zusammen sein. Weil es mal wieder anstrengend ist, man zum wiederholten Mal das gleiche Problem diskutiert und keine Lösung findet. Und dann gibt es Augenblicke, in denen man auf einmal wieder genau weiß, warum man genau mit diesem Menschen und mit keinem anderen leben möchte. Es gibt auch für mich Momente, da wäre ich gerne überall, nur nicht im Kloster. Da machen Stille und Schweigen einsam und traurig. Da fühle ich mich allein (gelassen) und sehne mich nach der Nähe eines Menschen, nach Kontakt. Ich möchte ausbrechen, in die laute Großstadt, in eine überfüllte Disko, auf den Markt gehen, mit den Menschen reden und nur für kurze Zeit nicht gesammelt sein müssen und schweigen. Am liebsten möchte ich dann die große Bühne betreten, den Habit ausziehen, für einen Abend im Rampenlicht stehen und nicht nur in der Masse eines Mönchskonventes, in dem grundsätzlich lieber gesehen wird, sich in das Kollektiv einzufügen, einer von vielen zu sein, als herauszutreten und sich abzuheben. Aber auch hier führt dann vielleicht wieder mein innerer Dramaturg die Regie und übertreibt – unter Umständen sogar maßlos. Vielleicht würde ein Theaterbesuch auch reichen, einen Abend lang abschalten und eintauchen in die freie Welt der Künstler.

Dann gibt es aber auch wieder Momente, da brauche ich die Stille notwendig – lebensnotwendig. Ich habe genug gehört von den Sorgen und Ängsten anderer Menschen, meine Seele ist gesättigt, nicht mehr aufnahmefähig, sie muss erst einmal all das verarbeiten. Es hilft, in die

Stille zu gehen, nichts Neues mehr aufzunehmen. Bei uns gibt es ein schönes Zeichen, dass jemand nicht angesprochen werden möchte: Er setzt die Kapuze seines Habits auf. Dann wissen die anderen: Er ist in sich, bei sich. Die Stille ist mein Weg als Mönch, erst einmal abzuschalten und den Tag zu verarbeiten. Und wenn Stille in diesem Moment nur bedeutet, dass ich todmüde ins Bett falle, obwohl ich mir vorgenommen habe, in Ruhe abzuschalten, Tagebuch zu schreiben, einen Spaziergang zu machen. Dann schaffe ich es gerade noch, den Habit auszuziehen, die Zähne zu putzen und im Gebet mein Vertrauen darauf auszusprechen, dass im Schlaf die Seele schon alles verarbeiten wird.

Auch der kleine Mönch sagt, er versucht es einfach einmal mit der Stille und schaut, wohin das ihn führt. Er wird darüber traurig wie ich manchmal auch, und beschließt genau deshalb, Vater Abt um weiteren Rat zu fragen. Denn das, so denkt sich der kleine Mönch, kann nicht der Sinn der Stille sein. »Niemand«, sagt Benedikt, »soll verwirrt und traurig werden im Hause Gottes« (RB 31,19).

Aus freien Stücken

Benedikt legt hohe Maßstäbe an, dass ein Mönch sein Leben lang im Kloster bleiben kann. Diese haben aber durchaus ihren Sinn. Drei Mal soll dem Kandidaten innerhalb eines Jahres die ganze Regel Benedikts vorgelesen werden. Und wenn er dann der Überzeugung ist, diese Regel halten zu können und zu wollen, soll er in die Gemeinschaft aufgenommen werden. Aber auch dann folgt noch eine Zeit der Erprobung, die mindestens sieben Jahre dauert. Wenn er jedoch merkt, dass er die Regel nicht halten kann, darf er das Kloster verlassen – er soll es sogar. Nicht, weil man ihn loswerden möchte, sondern weil die Gemeinschaft weiß, dass er auf diesem Weg nicht glücklich werden wird. Deshalb darf er in aller Freiheit und ohne schlechtes Gewissen einen neuen Weg beginnen.

Manchmal begegne ich älteren Menschen, die einen kirchlichen Beruf gewählt haben, weil es ihnen von geistlichen Begleitern oder der eigenen Familie eingeredet wurde, dass Gott sie dazu rufe und dass es ihr Weg sei.

Das Gleiche gilt für alle Menschen in profanen Berufen, die bei der Berufswahl nicht ihrer eigenen Stimme, sondern den Erwartungen anderer gefolgt sind. Sie sind ihren Weg gegangen, ohne innerlich eingewilligt zu haben. Solche unfreiwilligen oder notwendig erscheinenden Entscheidungen werden nie tragfähig sein.

In der katholischen Kirche sind Entscheidungen für eine Lebensform grundsätzlich dann ungültig, wenn sie nicht freiwillig getroffen werden. Wer nicht zumindest ahnt, dass in den Regeln eines klösterlichen Lebens auch ein tiefer Sinn liegt, und sich deshalb auf diese freiwillig einlassen kann, wird auf Dauer nicht glücklich werden.

Zu den Regeln, die für uns Mönche gelten und an die wir uns halten müssen, zählen auch die für den Umgang mit der Stille und dem Schweigen. Es gibt Räume, in denen nicht gesprochen werden soll, zum Beispiel die Sakristei als Ort der Vorbereitung auf den Gottesdienst. Es gibt auch Zeiten, in denen im Haus Stillschweigen herrschen soll, vor allem nach der Komplet (Nachtgebet) bis zur Vigil (Morgengebet). Aber auch wer in unsere Kapelle in unserem geschützten Wohnbereich (Klausur) geht, muss davon ausgehen können, dass hier ein Raum des totalen Schweigens ist. Er muss wissen, dass er hier die Ruhe findet, die er gerade braucht, sei es, um Kraft zu schöpfen im Gebet, sei es, um Belastendes bei

Gott abzulegen oder einfach zur Ruhe zu kommen. Eine Gemeinschaft braucht solche klaren Regeln, weil auch Mönche nur Menschen sind und wir uns immer wieder gegenseitig an den Wert der Stille und des Schweigens erinnern müssen.

Grundsätzlich hat jedes Haus, jede Gemeinschaft ihre Regeln, mit denen man sich als Besucher grundsätzlich einverstanden erklären können sollte. Als Gastgeber in einem Haus der Stille oder einem Schweige-Retreat darf man von den Gästen daher auch erwarten, dass sie die Sehnsucht oder zumindest die Bereitschaft mitbringen, sich auf das Schweigen einzulassen.

Manchmal wird Stille jedoch auch verordnet. Dann werden die Gäste bei ihrer Anreise von dem Gebot überrascht, dass beispielsweise bei den Mahlzeiten geschwiegen werden soll. Manche haben sich vielleicht schon auf den Austausch gerade bei dieser Gelegenheit mit anderen Gästen gefreut, weil sie zu Hause alleine sind oder weil sie hier Freunde und Bekannte wiedertreffen, die sie lange nicht gesehen haben. Manchmal wird die Stille zudem von Musik übertönt, weil die Gastgeber vielleicht spüren, dass es schwierig, unangenehm oder anstrengend werden könnte, am Tisch zu schweigen. Dann geht es eher um politische Korrektheit als um das Schweigen als Wert für die Gäste. Diese lassen sich dann unfreiwillig freiwillig darauf ein und sind innerlich alles andere als still und zufrieden. Stille sollte kein Ideal sein, das verordnet wird.

Es sollte jedoch auch kein Muss sein, das ich mir selbst auferlege, obwohl ich weiß, dass ich es gar nicht halten kann. Meditation, Stille, Ruhe, Schweigen sollten keine Übungen sein, bei denen ich innerlich verkrampfe oder mich über Gebühr anstrengen muss. Eigentlich sollten sie zur Entspannung beitragen und mich nicht noch weiter unter Druck setzen. Wenn ich spüre, dass stille Zeiten und Meditation mir nicht guttun oder ich einfach nicht ruhig sitzen bleiben kann, dann muss ich mich fragen, was der Grund ist. Liegt es daran, dass in mir unangenehme Gefühle oder Verdrängtes aufsteigen wollen? Dann kann es sinnvoll sein, die aufkommende Unruhe auszuhalten, weil in dieser Unruhe vielleicht etwas Neues aufbricht, das mich näher zu mir selbst bringt.

Vielleicht ist Stille und Meditation aber auch ganz einfach wirklich nicht mein Weg. Manchmal sehe ich hier bei uns Menschen, die so ganz in sich versunken scheinen, aber angestrengt meditieren und überhaupt nicht entspannt aussehen. Natürlich sind die Menschen, die dauernd entspannt durch die Gegend laufen, einen ständig anlächeln und total erlöst »Jesus liebt dich« rufen, auch nicht »echter«.

Mir scheint wichtig, sich selbst zu sagen: Nicht jeder Mensch ist zum expliziten Schweigen geboren. Manche finden mehr zu sich und in den Einklang mit ihrem Wesen in der Natur oder in der Kreativität, im aktiven Tun. Auch darin kann große Stille liegen. Ein gutes Beispiel ist für mich der berühmte Bildhauer Auguste Rodin. Er war zunächst einem Orden beigetreten, wo sich bereits seine künstlerische Begabung zeigte. Man legte ihm aber nahe, das Kloster zu verlassen. Nicht, weil man ihn loswerden wollte oder ihn nicht mochte – ganz im Gegenteil. Weil die Mönche ihn schätzten, sahen sie, dass sein kreatives Talent einen Raum der Entfaltung brauchte, den das Kloster ihm nicht bieten konnte. Er wäre nicht glücklich geworden, wenn er geblieben wäre und sich in eine Form gezwungen hätte, die ihm nicht erlaubte, sich als Künstler zu entfalten.

Es ist nicht leicht zu erkennen und vor allem zu akzeptieren, dass ein Weg nicht gangbar ist, dass man etwas aufgeben muss, was man wirklich möchte. Diese Erfahrung hat auch der kleine Mönch gemacht.

Aber Stille hat viele Gesichter und Formen und ist nicht nur in Meditation und Schweigen zu finden. Und auch das ist eine Erfahrung, die der kleine Mönch noch machen wird.

»Kommt einer neu und will das klösterliche Leben beginnen, werde ihm der Eintritt nicht leicht gewährt …

Offen rede man mit ihm über alles Harte und Schwere auf dem Weg zu Gott. Wenn er verspricht, beharrlich bei seiner Beständigkeit zu bleiben, lese man ihm nach Ablauf von zwei Monaten diese Regel von Anfang bis Ende vor und sage ihm:

Siehe, das Gesetz, unter dem du dienen willst; wenn du es beobachten kannst, tritt ein, wenn du es aber nicht kannst, geh in Freiheit fort.«

RB 58,1;8–10

Fragen

Stille soll nicht anstrengend sein und freiwillig geübt werden. Stille ist dort, wo ich zu mir selbst komme und in den Einklang finde. Daher können auch laute Wege in die Stille führen. Deshalb hier ein »Persönlichkeitstest«, worauf du dich freiwillig gut einlassen kannst. Überlege einmal, mit welchem der vier Typen du dich am ehesten identifizieren kannst. Jeder Typ ist gleich gut. Du kannst auch ein »Mischtyp« sein!

❶ Der »Kissen-Typ«: Ich komme am besten zu mir, wenn ich täglich mindestens 25 Minuten meditiere, still auf einem Kissen sitze, meinen Atem wahrnehme.

❷ Der »Sportliche«: Ich komme zu mir, wenn ich mich auspowere, Stress abbaue, schweigend jogge, am besten noch die Natur dabei spüre.

❸ Der »Kreative«: Ich komme zu mir, wenn ich kreativ sein kann, male, schnitze, bildhaue. Dann wird mein Kopf frei, ich überlasse mich meinen Händen, spüre mich.

❹ Der »Sprech-Typ«: Ich komme zu mir, wenn ich mich mit meiner besten Freundin, meinem besten Freund zum Austausch treffe, wenn ich sage, wie es mir wirklich geht, und ich dadurch wieder in eine Ruhe des Herzens finde.

Wenn du dich keinem dieser Typen zuordnen kannst, definiere für dich, was du bist!

Übungen

- Wenn du weißt, welcher Typ du bist, kannst du überlegen, wie oft du dir freiwillig für deinen Weg der Stille Zeit nimmst. Wenn du merkst, dass es dir selten gelingt, kannst du fragen, warum es nicht gelungen ist. Was hat dich abgehalten, dir diese Zeiten zu gönnen?

- Mache dir einen realistischen Plan für deine Zeiten der Stille. Plane sie lieber einmal in der Woche als täglich zwei Mal. Manche überfordern sich durch zu hohe spirituelle Ideale.

- Lege dir auf deinen Schreibtisch zu Hause oder bei der Arbeit einen Würfel mit den Zahlen von eins bis sechs. Wird es dir am Tag zu laut, zu hektisch, sehnst du dich nach Ruhe, dann nimm den Würfel und werfe ihn. Die Zahl, die er dir anzeigt, ist die Anzahl der Minuten, die du nun Stille halten kannst. Mach einen kurzen Spaziergang, geh an die frische Luft. Du kannst aber auch einfach auf deinem Stuhl ruhig und still sitzen bleiben, tief ein- und ausatmen und die kurze Pause und Stille genießen. Beobachte, wie es dir mit dieser spielerischen Übung geht!

Nach dem morgendlichen Gottesdienst fasste sich der kleine Mönch ein Herz und ging zur Zelle des Abtes.

»Er kann gut von Stille reden«, sagte der kleine Mönch bei sich. »Seine Zelle liegt so abseits, hier kommt selten jemand vorbei. Und auf den Markt muss er auch nicht gehen, um Essen zu kaufen.«

Er war bei der Tür angekommen und wollte gerade anklopfen, da öffnete sie sich und der Abt sah ihn freundlich an. Der kleine Mönch verneigte sich tief und sagte: »Vater Abt, ich erbitte ein Wort von Euch.« Der Abt nickte kurz. »Es ist wegen der Stille«, fuhr der kleine Mönch fort.

Der Abt trat aus der Zelle, schloss die Tür und bedeutete ihm, ihm zu folgen. Gemeinsam gingen sie in den Speisesaal und setzten sich an den großen Tisch.

»Was weißt du über die Stille?«, fragte ihn der Abt.

»Sie ist – still«, antwortete der kleine Mönch, doch eigentlich hätte er lieber »traurig« oder »langweilig« gesagt. Und weil der Abt das wohl auch merkte, fragte der kleine Mönch schnell: »Warum ist sie wichtig? Wozu ist sie nützlich? Ich habe nichts gefunden, was sie mir wertvoll erscheinen ließ. Und überhaupt: Wie kann etwas wertvoll sein, das nur daraus besteht, dass nichts anderes ist?«

Der Abt stand auf, ging in die Küche und nahm einen Putzeimer aus dem Schrank.

»Komm!«, sagte er und sie gingen hinaus in den Klostergarten. Der kleine Mönch folgte ihm und sah ihm zu, wie er drei kleine Schaufeln Erde in den Eimer tat. Dann schüttete der Abt aus einer Gießkanne Wasser dazu. Er hielt dem kleinen Mönch einen Stecken hin und sagte: »Rühr um!«

Der kleine Mönch nahm den Stecken und tat, wie ihm aufgetragen war.

»Was siehst du?«, fragte der Abt.

»Alles ist in Bewegung, die Erde vermischt sich mit dem Wasser und macht es trüb«, antwortete der kleine Mönch.

»Sehr gut.« sagte der Abt. »Und jetzt lass uns die Vorbereitungen für den Mittag treffen.« Der Abt ließ den kleinen Mönch verdutzt im Garten stehen und ging Richtung Kirche davon.

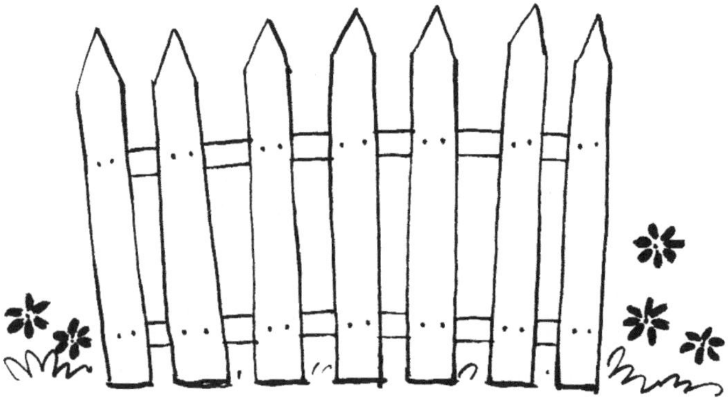

Ruhe-Störung

Der kleine Mönch sieht, dass das Wasser trüb wird, wenn die Erde aufgewühlt wird. So ähnlich dürfte er sich auch gefühlt haben: Er übte zwar die Stille, wie der Abt es ihm empfohlen hatte, aber in ihm selbst war die »Erde«, waren die Gefühle so aufgewühlt, war er so im Unreinen mit sich, dass er die Ruhe nicht genießen konnte, keinen Vorteil darin erkennen konnte für sich, keinen »klaren Gedanken« fassen konnte.

So geht es mir auch häufig: Ich übe mich in die Stille ein, suche die Ruhe, finde sie auch und sie lässt mich bei mir selbst ankommen. Aber dann passiert etwas, das mich total aus dieser Mitte wirft, mir alle Ruhe raubt. Aufgewühlte Zeiten, in denen an Stille überhaupt nicht zu denken ist. Dann ist da nur der Gedanke: Wie löse ich die Anspannung in meinem Körper? Und das Gefühl dazu: Gleich explodiere ich!

Es war an einem meiner Wüstentage, als es mir genauso erging. Ein Wüstentag ist bei uns im Kloster eine Zeit, in der wir uns einen Tag der Stille gönnen dürfen. Entpflichtet von Arbeit und gemeinsamem Gebet, darf ich Sorge tragen für meine eigene Regeneration. Durch Schweigen, Gebet, Meditation, Schlaf und Sein in der Natur. Seit ich vor meinem Eintritt auf dem Jakobsweg unterwegs gewesen bin, ist mir Letztere sehr lieb geworden. An diesem Wüstentag nun hatte ich einen längeren Spaziergang unternommen. Frühmorgens, als es dämmerte, war ich aufgebrochen. Ich wollte den Tag in seiner Fülle und Länge auskosten, ganz genießen, abschalten, zu mir finden, neu in die Stille der Natur eintauchen. Der letzte Wüstentag war lange her. Es ist nicht schwer sich vorzustellen, welche Freude in mir war. Als ich bei einer Pause an diesem Tag auf einer Bank im Wald entspannte und meine Blicke schweifen ließ, entdeckte ich auf dem Boden die Feder eines Bussards. Meine Freude wurde noch größer. Solche Dinge, das ist meine feste Überzeugung, findet man nicht zufällig. Ganz im Gegenteil: Sie haben hier und jetzt eine Bedeutung. Wildvögel haben mich immer schon fasziniert. In meiner Kindheit war ich begeistert von Indianern und wusste noch, dass sie in ihrem Kopfschmuck häufig Vogelfedern tragen. Beides – Indianer und Federn – symbolisieren für mich Freiheit. An diesem Wüstentag fühlte ich mich wirklich frei. Ich hatte alle meine Sorgen hinter mir gelassen und war einfach in die Natur und die Stille eingetaucht. Dabei war ich über die Stunden hinweg selbst ruhig geworden. Äußere Geräusche störten mich nicht mehr. Ich war mit mir im Reinen. Ich überlegte, wo ich als Erinnerung an diesen Tag die Feder aufbewahren könnte. Indianer trugen sie im Haar. Obwohl ich lange Haare habe und sie durchaus hineinstecken könnte, würde dies einige meiner Mitbrüder mit Sicherheit irritieren. So nahm ich mir vor, die Feder zu Hause an einer Kordel zu befestigen und mir ab und an umzuhängen.

Dankbar für den erfüllten Tag, der mich neu zur Stille geführt hatte, ging ich froh gestimmt zurück Richtung Kloster. Im Einklang mit mir genoss ich die untergehende Sonne, die beginnende Dämmerung und das Gezwitscher der Vögel. Nach einem solchen Tag in der Natur bin ich dünnhäutiger, weil mich die Stille und das Schweigen sensibler gemacht haben. Gerade dann ereignen sich oft Dinge, die die innere Sammlung trüben und aufbrechen – so wie das Wasser im Eimer des kleinen Mönchs. Unterwegs begegnete ich also einem Besucher des Klosters aus unserem Gästehaus. Er grüßte mich freundlich und fragte mich nach einem meiner Bücher beziehungsweise ob ich der Autor dieses Buches sei. Als ich diese Frage bejahte, bedankte er sich zunächst bei mir, weil ich in diesem Buch über die Barmherzigkeit Gottes geschrieben habe, die auch wir Christen zu leben hätten. Bis zu diesem Augenblick war meine Stimmung gut. Der Tag klang noch nach und ich freute mich auf einen entspannten und stillen Abend im Kloster. Doch dann meinte er: »Soweit die Theorie« – und ich ahnte, dass jetzt ein großes »Aber« kommen würde.

Meine aufgestellten Nackenhaare sollten Recht behalten. Bevor ich etwas sagen konnte, begann sich der Gast sehr ausführlich über die Kirche zu beschweren und meinte, dass diese doch entschieden barmherziger sein müsse. Er zählte Erlebnisse anderer Menschen auf, die die Kirche als unbarmherzige Institution erfahren hatten. Als ich darauf verwies, dass ich dazu nichts sagen könne, weil mir der Sachverhalt unbekannt sei und ich es als meine Aufgabe sähe, in meinem Lebensumfeld glaubwürdig Barmherzigkeit zu leben, trug dies nicht zu seiner Entspannung bei. Im Gegenteil: Er wiederholte beharrlich seine Theorie und wurde währenddessen immer ärgerlicher. Mir gelang es dann nur mühsam, dieses Gespräch zu beenden und meinen Weg allein fortzusetzen.

Im Weitergehen nahm ich wahr, dass der Ärger des Mannes es geschafft hatte, bis in meine Seele zu gelangen. Und jetzt ärgerte wiederum ich mich und das machte mich aggressiv. Ich war aufgewühlt und ziemlich wütend. Der Tag war so schön gewesen! Und jetzt hatte ich das Gefühl, dass mir dieser Mensch ihn kaputtgemacht, mich mit seinen Vorwürfen und seiner Zudringlichkeit wieder komplett aus meiner Mitte gebracht hatte.

Ich überlegte, was mich an seinem Verhalten, an dem, was er gesagt hatte, derart aggressiv machte. Zum einen ärgerte ich mich über die Kirche, wenn er mit dem, was erzählte, recht hatte und sie wirklich anders hätte handeln müssen. Zum anderen machte mich aggressiv, dass er mir meine gute Laune verdorben hatte. Außerdem war ich wütend, dass ich ihm überhaupt begegnet war, all seinen Ärger abbekommen, aber ihn dann auch noch angenommen und in meine Seele gelassen hatte. Ähnlich geht es mir manchmal, wenn ich, gerade von Exerzitien zurückgekehrt, durch den Kreuzgang gehe, ein Mitbruder mich sieht und ganz aufgeregt auf mich zukommt: »Seit Tagen suche ich dich. Ich weiß gar nicht, wo du warst. Wir müssend dringend sprechen. Ich habe das und das Problem.« Er wusste wohl nicht, dass ich unterwegs war. Wenn ich dann höre, wo das Problem liegt, denke ich, durchaus aggressiv: »Das hätte gut bis morgen warten können. Warum muss er mich jetzt damit belästigen? Davon geht doch die Welt nicht unter und gerettet wird sie auch nicht. Wenn es keine anderen Probleme gibt, ist alles gut!« Wahrscheinlich warnt der heilige Benedikt aufgrund solcher Erfahrungen davor, zu viel zu reden. Und wenn überhaupt, nur das Notwendige. Weil er weiß, wie sehr solche Situationen einen aus der eigenen Mitte werfen können, mahnt er, die Stille zu wahren.

Was ich spannend finde: Es ist nicht immer so, dass mich kritische Situationen, schwierige Gespräche, Kritik aus meiner Mitte bringen. Das ist vor allem dann der Fall, wenn ich um meine Rolle in einem Gespräch weiß und mich entsprechend darauf vorbereiten kann. Zum Beispiel, wenn ich im Rahmen meiner beruflichen Aufgaben in unserem Gästehaus ein vereinbartes Seelsorgegespräch habe. Hier bin ich als Mönch gefragt. In der Wahrnehmung dieser Rolle ist es meine Aufgabe und Pflicht, mir die Sorgen und Nöte meines Gegenübers anzuhören, durchaus auch seinen Ärger und Frust mit der Kirche, der sich vielleicht schon lange aufgestaut hat und der jetzt einmal ausgesprochen werden muss. Das bewusste Auftreten im Habit schützt mich davor, mich zu sehr persönlich betreffen zu lassen von dem, was der andere sagt. Mit dem inneren Ablegen meiner Rolle und dem äußeren Ablegen des Habits nach dem Gespräch lege ich auch alles Gehörte ab, es dringt dann nicht bis in meine Seele vor.

Wenn solche Gespräche mich aber unvorbereitet treffen, kann ich keine Schutzfunktionen im Vorfeld aktivieren. Mein innerliches Stoppschild, das negativen Emotionen nicht erlaubt, durch meine Haut in meine Seele vorzudringen, funktioniert dann nicht. Dann kann es passieren, dass ich in meinen Emotionen gefangen bin und alleine nicht mehr herauskomme. Deshalb finde ich den Rat eines spirituellen Lehrers wichtig, in der ersten Stunde nach dem Gottesdienst am Morgen weder Kritisches gegenüber jemanden zu äußern noch solches anzunehmen. Der Gottesdienst öffnet mich für eine andere Dimension meines Lebens, öffnet meine Seele Richtung Himmel, macht mich still, sensibler, dünnhäutiger. Dann kann mich der Ärger – mein eigener oder der des anderen – besonders tief treffen und verletzen. Aggressionen und Wut betreten aber auch dann gerne meine innere Bühne, wenn Ungeplantes auf mich zukommt. Zum Beispiel, wenn ein Mitbruder als Referent bei einem Seminar in unserem Gästehaus ausfällt und ich, weil ich zu ähnlichen Themen wie er Kurse gestalte, gefragt werde, ob ich einspringen könne. Hier kann ich sehr ärgerlich werden und denke zunächst: Warum muss ich jetzt diese Situation retten? Ausgerechnet ich? Bin ich jetzt mal wieder der Dumme? Manchmal beißt sich dieser Ärger dann sozusagen in mir fest und begleitet mich den ganzen Tag. Bin ich derart in meinen Emotionen, meinen Aggressionen der Seele gefangen, bin ich während der Gebetszeiten zwar körperlich anwesend, aber seelisch nicht präsent und schon gar nicht in innerer Ruhe und Stille.

Für mich ist es wichtig, dass es jemanden gibt, den ich in einer solchen Situation um Rat fragen, der mich mit meinen Ecken und Kanten kennt, mich aushält und mir Rückmeldung geben kann – so wie der kleine Mönch den Vater Abt fragen konnte. Ein sachlicher Blick von außen ist meine Notfallapotheke gegen das Selbstmitleid.

Am Ende meines Wüstentages – noch gefangen in meiner Aggression und meinem Ärger – ging ich genau aus diesem Grund zum Abendgebet. Gott sei Dank fand ich einen Mitbruder, der Zeit hatte und sich zudem gut mit den Wüstenvätern auskennt. Wüstenväter waren Mönche, die in den ersten Jahrhunderten nach Christus in der ägyptischen Wüste als Einsiedler gelebt haben. Bekannt sind sie vor allem durch ihre Schriften und Erzählungen, die sich mit dem Umgang mit Emotionen beschäftigen. Nach dem Abendessen sprach ich meinen Mitbruder also an: »Darf ich dich mal etwas fragen?« »Sicher, was liegt dir auf dem Herzen?« Jetzt sprudelte es aus mir heraus. Ich erzählte von meinem Ärger und davon, wie der Gast mir zugesetzt hatte. »Was hast du denn vorher gemacht?«, fragte der Mitbruder mich. »Ich war in der Natur, habe einen langen Spaziergang gemacht und die Stille genossen.« Da lächelte mein Mitbruder. »Warum lächelst du?«, fragte ich und begann schon wieder, mich aufzuregen, weil ich mich für einen Augenblick nicht ernst genommen fühlte. »Langsam«, sagte er. »Ich habe geschmunzelt, weil deine Erfahrung sehr typisch ist. Ob ich jetzt bei den Wüstenvätern schaue oder bei den Menschen, mit denen ich spreche: Wenn man im Einklang mit sich gewesen ist, in der inneren Ruhe verankert, bei sich angekommen, kommt es häufig vor, dass etwas passiert, was diese Ruhe gefährdet. Die Wüstenväter würden das Versuchung nennen oder eine Probe.« »Mh«, sagte ich nachdenklich, aber jetzt schon ruhiger, »du meinst, es ist so etwas wie die Probe aufs Exempel, ob ich es wirklich begriffen habe? Ob ich wirklich in mir ruhe? Aber was mache ich denn jetzt – jetzt in diesem Augenblick, in dem ich spüre, dass ich in meinen Emotionen gefangen bin? Kurz vor der Explosion?« Der Mitbruder antwortete mir: »Du stehst hier vor mir – und hast deine Feder dabei. Die Feder des Bussards. Sie erinnert dich an deine Freiheit! In deiner Seele bist du frei! Du musst wissen: Deine Gefühle sind ein Teil von dir, aber nicht alles, du bist viel mehr. Du kannst deine Wut haben, bist aber nicht deine Wut. Du darfst aggressiv sein, bist aber nicht nur deine Aggression! Du bist du. Und du bist ein toller Mönch. Du bist heute deiner

Sehnsucht nachgegangen, hast gut auf dich gehört, gespürt, dass du eine Auszeit brauchst, und bist achtsam mit dir umgegangen. Diese Erfahrung kann dir keiner nehmen. Wenn dich wieder einmal Emotionen packen, dann sag dir das und erinnere dich daran. Am innersten Punkt deiner Seele bist du immer im Einklang, da ist es still. Da bist du frei!« Damit schien alles gesagt zu sein und mein Mitbruder ging weiter. Ich beschloss, die Feder des Bussards immer bei mir zu tragen. Sie würde mich von nun an immer mit dieser Erinnerung verbinden. Ärgerte mich jemand, setzte mir jemand verbal zu oder wurde es mir zu laut, könnte ich innerlich einfach losfliegen, mich von Worten und Lautstärke distanzieren und vielmehr nach innen lauschen. Dann würde die Energie des anderen, der die Emotionen in mir ausgelöst hat, verpuffen, wenn ich ihr keinen Landeplatz in meiner Seele anbiete.

Als ich am Ende dieses Tages meine Zelle betrat, öffnete ich das Fenster, ließ die laue Abendluft herein, setzte mich in meinen Sessel und genoss die Stille. Die Feder hielt ich in der Hand. Und der Gast, der mich geärgert hatte, war weit weg.

Umgang mit Emotionen

Der Umgang mit Emotionen ist seit den Wüstenvätern beständiges Thema im Leben der Mönche. Gerade wenn sie in der Stille der Wüste in ihrem Kellion – so nennt man ihre Behausungen – meditierten, machten sie häufig die Erfahrung, dass Bilder und Gefühle in ihnen aufstiegen. Dabei ging es um Emotionen wie Wut, Zorn, Neid, Eifersucht, Gier – grundmenschliche Befindlichkeiten, von denen nicht nur die Mönche heimgesucht wurden und werden. Benedikt gibt den Rat, böse Gedanken sofort an »Christus zu zerschmettern und (sie) dem geistlichen Vater zu eröffnen« (RB 4,50).

»Gedanken an Christus zu zerschmettern« klingt für uns heutige Menschen fremd. Wahrscheinlich würden wir die genannten Gedanken und Gefühle auch nicht »böse« nennen. Benedikt möchte damit jedoch darauf aufmerksam machen, wie sehr solche Gefühle an einem Menschen nagen, ihn auch zernagen können. Wenn jemand ständig eifersüchtig und neidisch ist, weil der andere viel mehr hat oder alles besser kann, dann wird ihn dies irgendwann mürbe machen. Er wird keine Freude mehr am Leben haben und auf alles und jeden schimpfen. Statt von »zerschmettern« können wir heute eher davon sprechen, Gedanken und Gefühle nicht weiter zu verfolgen und sie nicht zu »füttern«, weil sie sich sonst verselbständigen und wie eine Spirale wirken, die sich immer weiter dreht und unser Denken nur noch darum kreisen lässt. Deshalb schreibt Benedikt in seiner Regel, dass der Mönch niemanden hassen, nicht eifersüchtig sein, nicht aus Neid handeln und den Streit nicht lieben soll. Er weiß, was geschehen kann, wenn Menschen ihren Emotionen freien Lauf lassen – es richtet bei anderen und bei ihnen selbst viel Unheil an. Christus dagegen ist ein Bild für den Menschen, der sich von Gott, den er Vater nannte, geliebt und bejaht fühlt. Wenn wir also die zermürbenden Gefühle nicht weiter verfolgen und damit auf Christus schauen, vollziehen wir das, was mein Mitbruder mit »ich bin mehr als mein Gefühl« ausdrückte. Wenn es gelingt, sich derart von den aufsteigenden Emotionen zu distanzieren, können wir Ruhe finden.

In der Meditation wird, um das Ganze anschaulich darzustellen, daher den Übenden oft das Bild eines Berges und der Wolken vor Augen gestellt: Die Wolken sind die Gedanken und Gefühle. Der Meditierende ist der Berg. Wie die Wolken an den Bergen vorbeiziehen, lässt der

Meditierende die Gefühle und Gedanken weiterziehen, er beachtet sie gar nicht.

Du kannst es gerne einmal ausprobieren. Wenn du meditierst, stelle dir vor, dass du wie ein Berg bist. Ruhig und still sitzt du auf einem Stuhl oder Kissen. Du konzentrierst dich auf deinen Atem und lässt aufkommende Gedanken und Gefühle wie Wolken an dir vorüberziehen. Du verfolgst sie nicht weiter. Deine Aufmerksamkeit ist bei deinem Atem. Du kannst dann spüren, wie beruhigend dies wirkt. Falls dir andere Bilder einfallen, die dir helfen, die Gedanken nicht zu verfolgen, kannst du gerne auch mit diesen Bildern meditieren. Wichtig ist, dass sie für dich stimmen und du aus deinem Gedankenkarussell aussteigen kannst und zur Ruhe kommst.

»Niemanden hassen.
Nicht eifersüchtig sein.
Nicht aus Neid handeln.
Streit nicht lieben.«

RB 4,65–68

Fragen

Was »trübt« dein Wasser im Eimer, was ärgert dich, was lenkt dich ab, welche Gedanken verfolgst du, welche lassen dich nicht los?

Wovon lässt du dich »umwerfen«, was bringt dich aus deiner Mitte?

Mit welchen Gefühlen kannst du nur schwer umgehen? Wann beschäftigen sie dich so, dass sie dich aus deiner Mitte reißen, aus deiner Ruhe?

Übungen

Wenn es in deinem Leben etwas oder einen Menschen gibt, das oder der dich wütend macht oder Ärger auslöst, handle und reagiere nicht, solange dieses Gefühl vorherrschend ist in dir. Reagiere auch auf eine Nachricht, die dich wütend oder ärgerlich macht – ob per Mail oder WhatsApp oder am Telefon – nicht gleich postwendend, sondern versuche Abstand zu gewinnen und in Distanz zu deinem Gefühl zu gehen. Mach etwas ganz Praktisches wie Kochen, Spülen, Aufräumen. Oft hilft es auch, eine Nacht darüber zu schlafen oder mit jemand anderem darüber zu reden.

- Sei dir immer bewusst, dass du mehr bist als dein Gefühl. Wenn du spürst, dass Emotionen dich gefangen nehmen, sich verselbstständigen, dann setze oder stelle dich an einen ruhigen Ort, atme tief durch, spüre deinen Atem und sage dir selbst: »Ich bin mehr als mein Gefühl!« Wiederhole diesen Satz, bis du spürst, dass deine Emotionen sich beruhigen. Steigen in einem Gespräch oder in einer Situation, die du nicht verlassen kannst, Gefühle wie Wut oder Zorn auf, dann versuche zu deinem Atem hin zu spüren, ihn wahrzunehmen und dir den Satz innerlich zu sagen: »Ich bin mehr als mein Gefühl!«

- Wenn du dich beruhigt hast, kannst du dich fragen, was dich wütend gemacht hat. Hat dich der andere verletzt? Wurdest du ungerecht behandelt? Hier kann auch ein Gespräch mit einem vertrauten Menschen helfen, der von außen auf die Situation schaut, emotional nicht beteiligt ist und klarer sieht. Hast du eine Antwort gefunden, kannst du das Gespräch mit der Person suchen, die dich hat aggressiv werden lassen, und sachlich und ruhig über das Thema sprechen.

Der kleine Mönch wandte sich mit hängenden Schultern zur Küche. War das schon die ganze Unterweisung? Da hatte er sich mehr erhofft – bei einem so schweren Thema! Zur Ablenkung schnitt er Tomaten für den Salat und setzte Wasser für die Nudeln auf. Als das Essen fertig vorbereitet war, schlug auch schon die Glocke zum Mittagsgebet. Wie froh war er, endlich wieder singen zu dürfen!

Nach dem Gebet trafen sich alle zum Essen im Speisesaal, und als der letzte Teller abgetragen war, winkte der Abt den kleinen Mönch zu sich. »Lass uns nach dem Eimer sehen, was du jetzt da findest!«, sagte er.

Sie gingen hinaus in den Garten und der kleine Mönch war erstaunt: »Vater Abt, seht! Das Wasser ist ganz still und klar geworden, das Trübe hat sich abgesetzt und man kann bis auf den Grund sehen!«

Der Abt nickte: »Jetzt kennst du den Wert der Stille. Erst in der Stille kann man auf den Grund sehen.« Der kleine Mönch sah ihn verblüfft an. Dann verneigte er sich tief und öffnete schon den Mund, um ihm zu danken, da sagte der Abt: »Komm nach dem Abendgebet noch einmal mit mir in den Garten.« Der kleine Mönch zog die Augenbrauen nach oben, aber nickte nur stumm und verneigte sich noch einmal.

Nur keine Panik!

Der kleine Mönch reagiert ganz erstaunt. Er stellt fest, dass sich das Trübe abgesetzt hat. Dies konnte geschehen, weil das Wasser still und ruhig geworden war. Nun konnte er bis auf den Grund sehen.

Vor einigen Jahren wurde mir eine Erfahrung geschenkt, in der ich etwas Ähnliches erfuhr. Im Sommer 2015 weilte ich in dem kleinen Ort Mazzolla in der Toskana. Ich empfand es als großes Geschenk, an einem Bildhauerkurs in dieser wunderbaren Landschaft teilnehmen zu dürfen, und war meiner Gemeinschaft dankbar, dass sie mir diese Möglichkeit gegeben hatte. In diesem Kurs bearbeitete ich zehn Tage lang einen Stein aus Marmor. Marmor ist ein sehr hartes und daher in der Behauung herausforderndes Material. Der Stein hatte mir in diesen Tagen viel Freude bereitet. Für mich kristallisierte sich immer mehr heraus, dass ich an und mit diesem Stein das Thema Klarheit und Entschiedenheit bearbeitete. So schön dieser Stein nun kurz vor dem Ende des Kurses war, so gab es doch eine Stelle an ihm, die mich seit Beginn irritierte. Sie passte nicht in die Ästhetik und Form des Gesamten. Trotzdem war sie aber so, wie der Stein gebrochen worden war, von Anbeginn an Teil desselben. Zusammen mit dem Leiter des Kurses überlegte ich, diese Stelle bis zum Schluss bestehen zu lassen und erst am Ende zu entscheiden, wie sie sich in das Ganze des Steines einfügt und welche Bearbeitung sie braucht. Meine stille Hoffnung, dass sich diese Frage bereits im Lauf der Arbeit und durch die tägliche Besprechung mit dem Leiter klären würde, erfüllte sich leider nicht. Mit dem nahenden Ende dieser beeindruckenden Tage wuchs deswegen in mir eine Unruhe. Man hätte dieses Gefühl auch »Panik« nennen können.

Für den Schauspieler in meiner Seele war das die perfekte Gelegenheit für einen Auftritt. Die traumhafte toskanische Landschaft bot meiner Seele ein wunderbares Bühnenbild für die Aufführung: Das Leiden des Künstlers, der sein bedeutendes Kunstwerk unvollendet lassen musste. Gott sei Dank gelang es mir, dieser Spur nicht zu folgen und noch rechtzeitig die Bremse zu ziehen. Nichtsdestotrotz war ich aufgewühlt, weil sich mir die Lösung für diese ungeklärte Frage immer noch nicht gezeigt hatte. Natürlich war mir klar, dass es wichtigere Probleme auf dieser Welt gab als meinen Stein. Aber in diesem Augenblick hing für mich alles an der Frage, wie er zu vollenden war. Deshalb musste dieses Problem hier und jetzt gelöst werden. Zu meiner eigenen Überraschung konnte ich ruhig, gelassen und überhaupt nicht bühnentauglich den nächsten Schritt beschließen. Ich nahm mir vor, mich am letzten Arbeitstag mit dem Sonnenaufgang meditierend vor den Stein zu setzen, ihn in der Stille des Morgens auf mich wirken zu lassen und dann, wenn in mir der rechte Augenblick da wäre, die »offene Stelle« zu bearbeiten. Also saß ich am nächsten Morgen bei Sonnenaufgang vor meinem Stein, nahm die kritische Stelle in den Blick, meditierte und spürte meinen Atem. Dies tat ich natürlich nicht ohne eine Tasse Kaffee. Jetzt dachte ich nicht mehr nach, sondern war einfach ruhig und still vor dem Stein präsent. So klärte sich in mir das Bild, wie er sein sollte. Irgendwann drang dann aus meiner Seele der Impuls in mein Bewusstsein: »Jetzt!« Ich nahm Hammer und Meißel und wusste intuitiv, wo ich ansetzen wollte. Und war überrascht über das, was geschah: Mein erster Schlag war so gezielt und wohl auch kraftvoll, dass ich ein größeres Stück als beabsichtigt vom Stein abschlug. Ich staunte über das, was jetzt zum Vorschein kam. Denn mit einem Mal hatte ich das Gefühl: Es passt, jetzt ist der Stein richtig. Bis zum Frühstück hielt dieses Staunen an und ich hatte fasziniert vor meinem Stein gesessen, der durch einen gezielten Schlag die Klarheit bekommen hatte, nach der er verlangte. Nicht durch nachdenken, sondern durch die

Meditation und Stille hatte sich diese Klarheit in mir gesammelt und in einem Schlag ausgedrückt.

Aber nicht nur im Urlaub, sondern auch in meinem Alltag ist mir das Arbeiten am Stein eine große Hilfe. Manchmal beruhigt es mich und schafft Klarheit in meiner Seele. Ich nehme einen Stein und beginne mit Hammer – der Bildhauer sagt »Fäustel« – und Meißel an ihm zu arbeiten. Die Ruhe, die meine Werkstatt umgibt – zumindest am Abend – ist wohltuend. Ich bin konzentriert. Der erste Schritt ist immer, Ablagerungen zu entfernen, die Patina sozusagen, im gleichmäßigen Rhythmus von Hammer und Meißel. Im Einschwingen in einen Rhythmus, der meine Seele ruhig werden lässt. Im nächsten Schritt werden überflüssige Ecken und Kanten abgehauen, sodass der Stein sich nach und nach in seiner ihm innewohnenden Form und Klarheit zeigt. Wenn ich derart still arbeite, klärt sich auch manches Trübe in mir. Dann kann ich klarer und tiefer sehen.

Ähnliche Erfahrungen werden die Wüstenväter gemacht haben. Handarbeit war für sie alltägliches Geschehen. Mit ihren Händen stellten sie Waren her, die sie verkaufen konnten, zum Beispiel geflochtene Körbe. Mit dem Erlös konnten sie ihren Lebensunterhalt finanzieren. Während sie arbeiteten, beteten sie auswendig die Psalmen aus dem Alten Testament. Da die Wüstenväter zumeist als Einsiedler lebten, rezitierten sie diese Gebetsverse still. Mit ihnen und im regelmäßigen Rhythmus ihrer Arbeit brachten sie all das vor Gott, was ihre Seele aufwühlte und beunruhigte: Fragen, Zweifel, Nöte und Sorgen. Sie wurden wieder ruhiger, weil sie ihre Seele »entleeren« konnten. Dann konnten sie immer wieder neu bis auf den Grund ihrer Seele sehen, sich immer wieder neu mit ihm verbinden und in das Vertrauen einüben, dass Gott alles hält und trägt.

Das Handwerk genießt genau aus diesem Grund bis heute in benediktinischen Klöstern ein hohes Ansehen. Es geht eben nicht nur darum, Gegenstände herzustellen, deren Verkauf ein Beitrag zur Sicherung des Lebensunterhaltes ist, sondern eben auch um die Klärung und Formung der menschlichen Seele. Leider übernehmen heutzutage im Handwerk Maschinen immer mehr Funktionen und Aufgaben. Natürlich ist dies effektiver und auch wirtschaftlicher. Der Bildhauer, mit dem ich die Kurse bei uns leite, erzählt immer wieder begeistert von seiner Lehrzeit. Er musste zum Beispiel tagelang erst einmal eine glatte Fläche auf dem Stein herstellen. Zwar war dies eine herausfordernde Aufgabe, aber er nahm auch wahr, wie gut ihm die Arbeit mit seinen Händen tat. Heutzutage bearbeitet ein Steinmetz oder Bildhauer fast nichts mehr mit der Hand. Fast alle Arbeiten erledigen die Maschinen, die entsprechend eingestellt sind. Dann werden nur noch Feinheiten mit der Hand nachgearbeitet.

Eine Ahnung von der Qualität der Arbeit mit den eigenen Händen möchten wir Mönche in den Kursen ermöglichen, die wir in unserem Kursprogramm unter der Sparte »Werkstatt« anbieten. Hier wird mit Stein und Holz, mit Collagen und Farben und vielen anderen Materialien kreativ gearbeitet – eben mit den Händen. In dem Kurs »Farben der Seele« zum Beispiel geht es um die Farben der eigenen Seele, die von manchen Trübungen befreit werden und wieder neu leuchten wollen. Was immer wieder erstaunlich ist: In diesen Kursen und im kreativen Arbeiten mit Händen, Farben, Pinsel, Stein und Holz vergisst man die Zeit, man taucht ein in die Arbeit, ist in und bei sich, wird still und sieht im Lauf des Kurses zunehmend klarer. Die Augen der Seele klären sich. Die Herausforderung liegt aber darin, eine solche Erfahrung der Stille, der Klärung der Seele ins Alltägliche zu übertragen. So wertvoll Auszeiten (wie die oben erwähnten Kurse) sind, so notwendig ist es doch, dass der grundlegende Wert der Stille mitten im Alltag erfahrbar wird.

Für mich persönlich ist ein solches (alltägliches) Tun mit meinen Händen das Putzen und Reinigen meines Wohnraumes. Jedes Mal, wenn ich dies tue, erinnere ich mich an eine Begebenheit während meines Studiums, als ich einige Tage in einem Franziskanerkloster verbrachte, um mich in Ruhe auf Prüfungen vorzubereiten. Ich begegnete hier einem Mönch, als er gerade die Fenster des Klosters reinigte, und kam mit ihm ins Gespräch. Er sagte mir: »Irgendwann habe ich begonnen, beim Fensterputzen darüber nachzudenken, wie ich einen klaren Durchblick bekomme.« »Für was brauchst du denn den klaren Durchblick? Kannst du ein Beispiel nennen?«, fragte ich ihn. »Manchmal denke ich darüber nach, warum ich eigentlich Mönch geworden bin«, antwortete er. »Wenn mir das Leben im Kloster langweilig erscheint, wie zum Beispiel an Putztagen, dann muss ich mich daran erinnern, warum ich diese Lebensform gewählt habe. Das gibt mir Kraft, auch diese Tätigkeit bis zum Ende gewissenhaft durchzuführen. Oder wenn ich mich am Tag zuvor mit einem Mitbruder gestritten habe, überlege ich, warum wir in diesen Streit geraten sind. Manchmal macht man aus einer Mücke einen Elefanten, sagt dem anderen unschöne Sachen und ist anschließend sauer aufeinander, obwohl man sich vorher immer gut verstanden hat. Dann ist die Seele aufgewühlt, ich grüble die ganze Nacht darüber nach und kann nicht gut schlafen. Wenn mir so etwas bewusst geworden ist, bin ich dann nach dem Fensterputzen zu dem anderen Mönch gegangen und hab mich entschuldigt. Wir haben uns versöhnt und herzhaft gelacht, weil uns beiden klar geworden ist, wie unnötig der Streit war.«

Diese Begegnung ist mir bis heute im Gedächtnis geblieben. Da Reinigen und Saubermachen nicht zu meinen Lieblingsbeschäftigungen zählt, hat mir die Erfahrung des Franziskaners sehr geholfen, beides zumindest mit anderen Augen zu sehen und darin etwas zu erkennen, was tiefer geht als das bloße Putzen. Wenn ich heute Staub wische und putze, spüre ich, wie sich in mir Dinge klären, Staub von meiner Seele gewischt wird, ich ruhiger und stiller werde. Dann ist das Putzen zwar noch immer eine Arbeit, die ich nicht so gerne mache, aber sie bringt mich eher in meine Mitte als dass mich der Ärger darüber, dass ich das jetzt machen muss, aus meiner Mitte herausführt.

Anlässe, aus unserer Mitte herausgeführt zu werden, gibt es in unserem Alltag allerdings genügend. Ich denke zum Beispiel daran, dass sich mein Büro in unserem Gästehaus direkt über der Kegelbahn befindet. Am Abend versammeln sich dort gerne Gäste, um zusammen zu spielen. Wenn ich dann zur gleichen Zeit noch an meinem Schreibtisch arbeite und in Stille Gedanken für ein Buch aufschreiben möchte, kann es sehr störend sein, dass ich jede Kugel, die auf der Bahn aufgesetzt wird, höre. Dann ist es eine große Herausforderung, aber auch meine Verantwortung, dem Ärger über diese Störung keinen Raum zu geben und mich nicht aus der inneren Ruhe bringen zu lassen.

Ich denke aber auch an die junge Frau, die mir von ihrer Lebenssituation erzählte, die einfach nicht zu ändern war. Sie hatte zusammen mit ihrem Partner den elterlichen Hof ausgebaut. Ihre Wohnung lag nun über der seiner Eltern. Sie erzählte mir, dass diese Wohnung und das ganze Haus sehr hellhörig seien und man jedes Geräusch von unten höre. Gerade dann, wenn sie sich am Morgen oder am Abend vor oder nach der Arbeit eine kurze Zeit der Stille gönnen wolle, werde sie ständig gestört. Zudem, so erzählte sie weiter, gäbe es im Tagesablauf, bei Hausarbeiten, wenn sie im Home-Office arbeite, immer laute Nebengeräusche, die sie viele Nerven kosteten. Sie komme nie wirklich zur Ruhe, könne nicht durchatmen, immer sei irgendein Geräusch hörbar.

Dabei sind es nicht nur solche Geräusche, die uns ärgern, nervös machen, aus der Ruhe bringen und aufwühlen. Wie viele Informationen kommen tagtäglich über die sozialen Netzwerke und digitalen Medien zu uns? Wenn wir ins Internet gehen und eine Information suchen, tauchen erst einige Werbungen auf, bevor wir die gewünschte Information bekommen. Wie viele Freundschaftsanfragen erreichen uns, wie viele Nachrichten, wie viele E-Mails und Anrufe. Und alle, die sich auf diese Weise melden, wollen unsere Aufmerksamkeit und am besten sofort eine Antwort. Mir sagte jemand, dass es für ihn noch gar nicht so lange her sei, dass Anliegen per Brief mitgeteilt worden seien. Ein Brief brauche einen Tag vom Absender zum Empfänger, dann mindestens einen Tag, um beantwortet zu werden, und wiederum einen Tag, um zum Absender zurückzukommen. Heute werde schon nachgefragt, wenn man nicht innerhalb einer halben Stunde eine Nachricht beantworte oder sogar ein Anliegen bearbeite. Mit jeder Nachricht und jeder E-Mail, die wir empfangen, wird die »To-Do-Liste« länger und scheint kein Ende zu haben. Dabei haben wir doch alle den Wunsch, am Ende des Arbeitstages nach Hause zu gehen und einen »clean desk« zu haben.

Die vielen Erwartungen und Anforderungen, die uns im Lauf eines Tages erreichen, können im Kopf einen Gedankenlärm oder sogar einen Gedankenalarm auslösen. Es kann uns innerlich unruhig machen, ärgerlich werden lassen, in Stress und Panik versetzen. Oft wissen wir nicht, wem wir folgen sollen und welches der vielen Anliegen zuerst zu erledigen ist.

Eine Frau erzählte mir, dass sie seit drei Jahren ihr Leben und sich selbst als unruhig empfinde. Bisher habe sie dafür keine Ursache finden können. Das änderte sich, als ihr klar wurde, dass sie ebenfalls seit drei Jahren ein internetfähiges Handy besitzt. Der Zusammenhang, den sie für sich zwischen beidem herstellen konnte, ist durchaus nachvollziehbar: Das Handy tragen wir ständig bei uns und es gibt keine Tagzeit und keinen Wochentag mehr, an dem keine Nachrichten verschickt werden. Ständig müssen wir daher in »Alarmbereitschaft« sein: bereit, Nachrichten zu empfangen, zu lesen und zu reagieren. Eine andere Frau erzählte mir von ihrem Mann. Er arbeitet in einer Position, in der er bis zu seiner Pensionierung in einigen Jahren mit Arbeit eingedeckt sein wird und bei der bereits jetzt absehbar ist, dass sein Schreibtisch bis dahin nie leer sein wird. Stets beschäftigt ihn nicht nur die Arbeit des aktuellen Tages, sondern immer auch der Berg, der morgen vor ihm liegen und auch übermorgen nicht kleiner sein wird. Mittlerweile stresst ihn das auch psychisch. Selbst am Sonntag werden an ihn dienstliche E-Mails versendet. Wenigstens an diesem Tag, hat er beschlossen, so erzählte seine Frau, wird der Laptop zu Hause nicht angeschaltet und E-Mails werden weder gelesen noch beantwortet.

Das ist ein weiterer Aspekt in unserem Alltag: Nicht nur das, was am je aktuellen Tag auf uns einströmt, verwirrt uns. Auch all das, was vielleicht noch von gestern liegen geblieben ist oder was morgen getan werden muss, kann uns heute schon in Unruhe versetzen. Wir wissen eben nicht, wie der Berg der zu erledigenden Dinge jemals abgearbeitet werden soll.

Dennoch unterliegen wir oft der Versuchung zur Selbstoptimierung und Leistungssteigerung und meinen, die ein oder andere hinzukommende Aufgabe auch noch erledigen zu können. Dabei merken wir gar nicht, dass wir uns verplanen, uns selbst die Zeit rauben und wir mit all unseren »To-Dos« täglich mehr Zeit außerhalb unserer Mitte sind als bei uns. Und dabei war von der Zeit, die die notwendigen Erledigungen im Haushalt, die Erziehung der Kinder, die Lösung von Konflikten in Partnerschaft und Familie kostet, hier noch gar nicht die Rede.

Wie nun also gelingt es, dass ich die Stille (wieder)finde beziehungsweise bewahre? Wie gelingt es, dass ich den Gedankenlärm beruhige, mich von den damit verbundenen Emotionen von Panik und der Angst, nicht alles bewältigen zu können, nicht vereinnahmen lasse? Wie kann ich die Gedanken und Emotionen beruhigen, damit sie sich setzen können, ich wieder still werde, auf den Grund komme und zu mir selbst finde und das Wasser sozusagen wieder klar wird?

Die junge Frau, von der ich sprach, entwickelte in unserem gemeinsamen Gespräch für sich die Idee, am Morgen früher aufzustehen, wenn noch alles ruhig ist, und in der Stille zu meditieren. Anschließend wolle sie versuchen, die innere Stille den Tag über zu bewahren, diese in sich zu tragen und zu den äußeren Geräuschen eine innere Distanz aufzubauen. Sie hoffte, so auch dem aufsteigenden Ärger über die Ruhestörung keinen Raum zu geben.

Eine Teilnehmerin eines Kreativkurses hatte eine gute Idee, um in eine solche Distanz zu kommen. In dem Kurs »Mein Zuhause« gestaltete sie eine Skulptur, in die sie auch einen Zigarettenstummel hineinarbeitete. Als die Kursteilnehmer sich gegenseitig die entstandenen Werke vorstellten, fragte ich sie nach der Bedeutung dieses Stummels. Daraufhin erzählte sie, dass sie während des Kurses auf dem Abteigelände an der Gastankstelle für unsere Autos vorbeigekommen sei. Dort sah sie das Schild: »Unbefugten Zutritt verboten.« Die Zigarette symbolisierte für sie diesen unbefugten Zutritt. Käme eine Zigarette an den Gastank, würde dieser explodieren. Daher war er für sie ein Symbol für all das, was zu ihr selbst keinen Zutritt haben sollte. Sie sah darin eine Möglichkeit, ihr inneres Zuhause in ihrer Seele zu schützen: »Ich entscheide, wer Zutritt hat und wer nicht. Manchen Gedanken, Emotionen, aber auch Menschen oder Anliegen muss ich das Schild zeigen: ›Unbefugten Zutritt verboten‹. Dann bringen mich die genannten Dinge nicht aus meiner Ruhe und Stille.«

Mir hat dieses Bild gefallen. Ich fand es auch deshalb ansprechend, weil es mich selbst in die Verantwortung nimmt. Manchmal fühlen wir uns schnell als Opfer der Umstände. Dann machen wir uns die Haltung zu eigen, dass man eh nichts ändern könne und man sich halt irgendwie zurechtfinden müsse. Manche motivieren sich mit dem mittlerweile legendären Satz: »Ich schaffe das schon!« Schließlich will keiner von uns als Schwächling in einer Leistungsgesellschaft gelten und Erwartungen enttäuschen.

Das Bild von den Unbefugten ohne Zugangsberechtigung kann uns aus der Opferrolle herausholen. Es erinnert an die Verantwortung, die wir für unser eigenes Leben haben. Wir sind den Umständen nicht hilflos ausgeliefert. Damit knüpft dieses Bild auch eng an die benediktinische Tradition an.

Benediktinische Tradition

Der Wächter

Als das Wasser still geworden ist im Eimer des kleinen Mönches und das Trübe sich absetzen konnte, war der Grund sichtbar. Für uns Benediktiner ist Gott der Grund unseres Lebens. Wir sind überzeugt, dass er immer und überall gegenwärtig ist. Das gilt auch und gerade für den Grund unserer Seele. Deshalb singen wir ihm im Stundengebet tagtäglich mehrmals das Lob. Wie die Wüstenväter bringen wir mit den Psalmen all das, was uns aufwühlt und beunruhigt, vor Gott. Wir halten ihm unsere Fragen, Zweifel, Nöte und Ängste hin. Im stillen Gleichklang dieses Gebets beruhigen sich unsere aufgewühlten Gefühle. Wir schauen bis auf den Grund und sind mit Gott in Berührung.

Auch wenn es nicht in unserer Regel steht, so ist doch im landläufig formulierten Motto der Benediktiner »ora et labora« (»bete und arbeite«) unser Leben auf den Punkt gebracht. In einer täglich sich wiederholenden Ordnung wechseln sich Arbeit und Gebet ab. Dabei stehen beide aber nicht als getrennte Einheiten nebeneinander, die nichts miteinander zu tun haben. Vielmehr möchte unser Gebet im alltäglichen Leben und in der Arbeit weiterwirken. Die hier gefundene Ruhe, die beruhigte Seele, soll in der Arbeit weiterwirken. Auch sie soll und darf Gebet sein. Das bedeutet, dass der Mönch im besten Fall stets im ruhigen Gleichklang mit sich selbst ist und sich durch Emotionen und Gedanken, durch aufkommende innere Unruhe, durch Panik und Angst nicht verwirren und aufwühlen lässt, immer in dem Wissen: Gott ist da und er trägt.

Über dieses tägliche Leben sagt Benedikt, es sei eine »Schule für den Dienst des Herrn« (RB, Prolog 45). Das meint: Stille muss jeden Tag neu geübt werden. Mit dem Tag, an dem ich meinen Weg als Mönch beginne, »habe« ich die Stille nicht. Es ist keinesfalls so, wie es mir vor meinem Eintritt als Ideal vor Augen stand: Ich wandle fromm und still, in mich versunken, mit aufgezogener Kapuze, die Nähe Gottes spürend, durch den Kreuzgang des altehrwürdigen Klosters – jeglicher Sorge des alltäglichen Lebens enthoben und den Engeln nahe. Vielmehr wurde bei uns einmal das Wort geprägt, dass wir »Übungs-Mönche« seien. Wir üben tagtäglich, wie Stille im Alltag bewahrt wird im Inneren beziehungsweise immer wieder neu gefunden werden kann.

Manchmal bittet ein Gast spontan um ein Gespräch mit einem Mönch. Wenn wir dann darauf verweisen, dass das jetzt nicht möglich sei, reagieren manche verwundert. Ich habe dann den Eindruck, er sei davon ausgegangen, wir Mönche säßen den ganzen Tag meditativ und still auf unseren Zimmern und warteten darauf, dass jemand mit uns sprechen möchte.

Wir sind alle in unsere Arbeitsbereiche eingebunden. Der eine leitet die Verwaltung, der andere arbeitet in der Gärtnerei, wieder ein anderer trägt die Verantwortung für das Gästehaus, noch ein anderer ist in der Pflege unserer alten und kranken Mitbrüder engagiert oder arbeitet in der Schule als Seelsorger, um nur eine Auswahl unserer Tätigkeitsfelder zu nennen. In all unseren Betrieben ist jeden Tag viel zu organisieren und zu bewältigen. Da kann es auch uns Mönchen leicht passieren, dass wir eine lange To-Do-Liste haben, außer uns geraten, in Stress kommen und die innere Stille verlieren.

In der benediktinischen Tradition gibt es das Bild des »Wächters«, das im Umgang mit Situationen, in denen wir Gefahr laufen, die Stille zu verlieren, helfen kann. Benedikt zitiert in seiner Regel im Kapitel über die Schweigsamkeit aus dem Psalm 32, wenn er sagt: »Tun wir, was der Prophet sagt: Ich stellte eine Wache vor meinen Mund« (RB 6,1). Er bezieht es zunächst auf die Worte, die gesprochen werden. Die Wache vor dem Mund soll darauf achten, welche Worte gesprochen werden und welche unnötig sind.

Dieses Bild des Wächters ist aber durchaus übertragbar auf unsere Gedanken und Emotionen. Vor diese können wir einen »inneren Wächter« stellen. Das kann bedeuten, uns selbst zu vergegenwärtigen, dass wir den Einflüsterungen des Alltages nicht hilflos ausgeliefert sind. Jeder von uns trägt die Verantwortung dafür, welche seiner Emotionen und Gedanken ihn beschäftigen dürfen und welchen er nachgehen möchte. Jeder entscheidet für sich, ob die vielen Dinge, die zu tun sind, in ihm einen Gedankenlärm verursachen und ihn unruhig machen dürfen oder ob er sich klar für das entscheidet, was als nächstes Priorität hat. Wichtig ist immer nur der nächste Schritt. Wenn wir so klar und entschieden mit Gedanken und Emotionen umgehen, beruhigen sie sich und wühlen uns nicht auf.

Ich bin überzeugt, dass es die Rücksicht auf uns selbst und den Wächter vor unseren Gedanken und Emotionen braucht, wenn wir in der Stille bleiben wollen. Diesen Wächter hatte die Frau aufgestellt, die sich dafür entschied, allem, was jetzt gerade nicht in sie hineingehört, den Zutritt zu verbieten. Auch der jungen Frau, deren Schwiegereltern im Haus ständig Lärm verursachen, kann der Wächter eine Hilfe sein. Und auch ich kann ihn aufstellen, wenn mich in Zukunft am Schreibtisch die Kegelbahn ärgert.

»Tun wir, was der Prophet sagt:
›Ich sprach: Ich will auf meine Wege achten, damit ich mich mit meiner Zunge nicht verfehle. Ich stellte eine Wache vor meinen Mund, ich verstummte, demütigte mich und schwieg sogar vom Guten.‹«

RB 6,1

Fragen

Wo und wann telefonierst du mit dem Handy?

Wann und wie viel bist du online unterwegs?

Welche Möglichkeiten hast du, Pausen einzubauen? Könnte es dir guttun, »Handy-Auszeiten« zu haben (zum Beispiel eine Stunde am Tag)?

Bist du in Gedanken oft schon beim nächsten Punkt auf deiner To-Do-Liste?

Übungen

Gestalte dir ein Schild mit der Aufschrift »Unbefugten Zutritt verboten!« Überlege vorher, welchen Platz du diesem Schild geben möchtest: Soll es auf deinem Schreibtisch liegen, an deinem Computer befestigt sein, am Küchenschrank oder magst du es in die Hosentasche stecken? Der Platz des Schildes bestimmt auch die Materialien, mit denen du es gestaltest. Willst du es in der Hosentasche mit dir tragen, kann es zum Beispiel eine Hilfe sein, es zu laminieren und »haltbar« zu machen. Ein solches Schild kann dich immer wieder daran erinnern, dass du dich nicht aus deiner Ruhe und Stille bringen lässt und dass du nur den Gedanken zulässt, der als Nächstes wichtig ist.

Nimm dir einen Eimer und fülle den Eimer mit Sand. Wenn du an einem Tag etwas getan hast, um die Eintrübungen zu klären, deinen Ärger loszuwerden, bei dir geblieben bist, meditiert und deine innere Stille bewahrt hast, still geworden bist, einen Wächter vor deine Emotionen und Gedanken gestellt hast, ihnen nicht direkt nachgegangen bist, trage eine Schaufel Sand ab. Setze dir einen Zeitrahmen (ein Tag, eine Woche), in dem du so verfahren möchtest. Dann fülle den Eimer neu und beginne von vorne. Nimm wahr, wie gut es tut, zu sehen, wie der Sand immer weniger wird. Würdige am Ende eines Tages, einer Woche deine Fortschritte und belohne dich mit etwas Schönem.

Stufe zwei dieses Experimentes wäre dann, sozusagen für Fortgeschrittene: Nimm nicht nur Sand aus dem Eimer heraus, sondern immer dann, wenn du Eintrübungen merkst, wenn du zu vielen Gedanken und Emotionen erlaubst, dich zu beherrschen, fülle etwas Sand hinein. Wenn sich etwas geklärt hat, nimm wieder etwas heraus. Beobachte den Weg, den du gehst. Anerkenne, dass du im Alltag Wege suchst, in der Konzentration und Ruhe zu bleiben. Werte nicht, sondern würdige den Weg!

Der kleine Mönch verrichtete die Arbeiten, für die er am Nachmittag zuständig war: Er goss die Salatköpfe im Garten, schnitt frische Blumen für den Altar, fegte den Speisesaal, entfernte bei den Kerzen am Marienaltärchen das überschüssige Wachs und konnte bei alldem das Abendgebet kaum erwarten.

Nach dem Abendlob gab es Abendessen, auch das dauerte dem kleinen Mönch heute viel zu lange. In der Freizeit zwischen Essen und Nachtgebet ging er ungeduldig in der Küche auf und ab, setzte sich, stand wieder auf und kreiste um den Küchentisch.

Endlich war das Nachtgebet zu Ende. Der kleine Mönch und der Abt trafen sich im Klostergarten, über den sich langsam die Dunkelheit legte. Der Mond stieg auf und die Sterne zeigten sich.

»Komm, nimm deinen Stecken und rühre wieder!«, sagte der Abt.

Der kleine Mönch tat, wie ihm aufgetragen war, nahm den Stecken und ließ ihn im Eimer kreisen. »Was siehst du?«, fragte der Abt. Der kleine Mönch zögerte. »Da es dunkel ist, sehe ich nichts, Vater Abt. Nichts als Wasser, das von der Nacht geschwärzt und durch mein Rühren bewegt ist.«

»So ist es«, entgegnete der Abt. »Lass uns nun hier beim Putzeimer einen Psalm singen.«

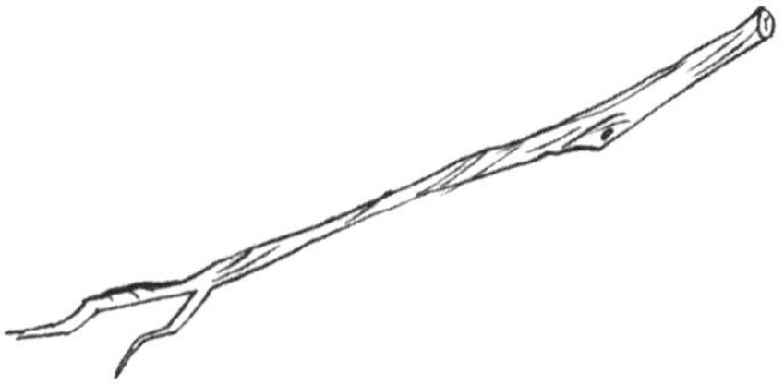

Der kleine Mönch war solche Einfälle des Abtes gewohnt, und so fragte er nicht nach dem Sinn. Sie begannen zu singen und der Klostergarten erfüllte sich mit Melodie. Die Klostermauern warfen den Gesang zurück und die Sterne am Himmel machten den Garten zu einer großen Kathedrale.

Es war ein langer Psalm, doch das machte dem kleinen Mönch nichts aus. Auch, dass ihm die Kälte der Nacht langsam die Füße hochstieg, fühlte er kaum. Zu schön war die innige Begegnung im Gesang unter den Sternen.

Stille Präsenz

Zusammen mit dem Gesang des Psalms machen die Sterne den Garten des Klosters zu einer großen Kathedrale – sie sind gleichsam das Himmelsdach über dem kleinen Mönch und seinem Abt. Das Wasser im Eimer ist währenddessen von der Nacht geschwärzt. Aber nur, weil es Nacht ist, können auch die Sterne und der Mond leuchten. Ein klarer Sternenhimmel hat auf mich immer schon eine große Faszination ausgeübt. Er ist wie ein großes und beschützendes Dach. Im Betrachten eines solches Himmels breitet sich in mir stets eine Ruhe und Stille aus, die mir Geborgenheit gibt. Ich spüre: Ich bin beschützt.

In den indianischen Stämmen wurden Mond und Sonne zusammen mit den Sternen als göttliche Wesen verehrt. Ihnen galt der Mond als Großmutter und die Sonne als Großvater. Mir ruft ein Sternenhimmel immer wieder die Zusage meines Gottes, den Christen Vater nennen, an Abraham ins Gedächtnis. Ihm verspricht Gott, dass seine Nachkommen so zahlreich sein werden wie die Sterne am Himmel (vgl. Genesis 15,5). Auch den Satz eines Mitbruders werde ich nie vergessen, der beim Anblick eines solches Himmels meinte: »Da sage jemand, dass Gott kleinlich ist!«

Die unendlich vielen Sterne und der weite Himmel sind Bilder für die Weite und Größe Gottes. Unter seinem Sternenhimmel haben alle Menschen Platz. Auch wenn mein Schlaf dadurch kürzer wird, zieht es mich in Sternennächten deshalb immer wieder in die Natur: in der Stille der Nacht möchte ich dieses Beschütztsein spüren. Manchmal gehe ich dann zu einem Feuerplatz und entzünde ein Feuer. Ich setze mich auf den mitgebrachten Campingstuhl, fülle meine Tasse mit dem Tee aus der Thermoskanne und sitze stundenlang am Feuer, wärme mich, betrachte den Himmel, genieße die Stille und vergesse die Zeit. In der Stille dieser Nacht muss ich immer auch an eine meiner Lieblingsstellen aus der Bibel denken: Die Erzählung vom brennenden Dornbusch. In diesem offenbart Gott Moses seinen Namen: Jahwe –»Ich bin der Ich-bin-da« (vgl. Exodus 3,14). Diese leise Gegenwart Gottes wird für mich unter dem weiten Sternenhimmel spürbar. Unter seinem Sternendach bin ich geborgen. Dieses Wissen schenkt mir innere Ruhe.

Manchmal aber ist es auch Nacht in uns. Dann ist es in unserer Seele dunkel und wir spüren keinerlei Hoffnungsschimmer. Die Dunkelheit gleicht dem Wasser im Eimer des kleinen Mönches. In solchen Situationen stellen sich leicht Zweifel ein. Das Gefühl greift Raum: Wir sind ganz allein auf dieser Erde. Dann ist in unserer Seele Unruhe, wir fühlen uns aufgewühlt wie das Wasser im Eimer und die Sterne können sich darin nicht spiegeln. Wir fragen uns: Was ist der Sinn unserer Existenz? Warum sind wir hier? Sind wir nicht nur kleine unbedeutende Personen in diesem riesigen Weltall und Universum?

Vater Abt lädt den kleinen Mönch ein, vor dem Eimer mit dem von der Nacht geschwärzten Wasser den Psalm zu singen, der dann so wunderbar klingt. Vielleicht haben sie Psalm 23 gesungen, der faszinierend vom Hirten und von der Natur spricht: »Mein Hirt ist Gott der Herr. Er lässt mich lagern auf grünen Auen und führt mich zum Ruheplatz am Wasser. (…) Du hast mein Haupt mit Öl gesalbt, übervoll ist mein Becher.«

Das sind für mich Bilder, die die eigenen Zweifel und Unsicherheiten beruhigen und stillen können: Gott ist ein Hirte, der aufpasst und für uns sorgt. Früher haben wir dies am Lagerfeuer mit dem Lied zum Ausdruck gebracht: »Weißt du, wie viel Sternlein stehen an dem blauen Himmelszelt? (…) Gott, der Herr, hat sie all gezählet, dass ihm auch nicht eines fehlet an der ganzen großen Zahl.« Das klingt heute vielleicht etwas kitschig in unseren Ohren, vermag aber in meiner Wahrnehmung zu trösten und unser Vertrauen auf Gott zu stärken.

Diesem Gott, der Hirte ist, darf der kleine Mönch vertrauen. Unter seinem Sternendach ist auch er beschützt und aufgehoben. Und er ist eingeladen, das Licht der Sterne, die so hell leuchten, in sein Herz fallen zu lassen.

Dieses Licht fällt auch in unser eigenes Herz. Dorthin, wo es in uns dunkel ist. Wenn wir in unseren dunklen Stunden, in unseren Selbstzweifeln, Unsicherheiten und Beunruhigungen zu versinken drohen, kann es uns aufhellen, beruhigen und klären. Das Wissen um ein Aufgehobensein in der Größe und die Wahrnehmung der stillen Präsenz des Göttlichen macht manches Dunkle leichter und tragbarer. Das wird möglich, wenn wir eine Sternennacht in der Natur genießen, aber auch, wenn wir in der Stille eines Abends Psalm 23 beten und wir uns die Bilder des Guten Hirten vergegenwärtigen. Dann kann die Seele sich aufgehoben, beschützt und getragen fühlen und zur Ruhe kommen.

Es ist aber nicht immer möglich, am Feuer zu sitzen und den Sternenhimmel zu betrachten, um in eine solche Ruhe zu kommen. Und nicht immer ist Vollmond. Nicht immer kann man in der Nacht unterwegs sein. Schon gar nicht, wenn man früh aufstehen muss. Aber es ist möglich, immer wieder (längere oder kürzere) Zeit in der Natur zu verbringen. Sie ist oft leise und still und beruhigend.

Wenn ich dann zum Beispiel an einem Bach vorbeikomme oder an einem See, spüre ich, dass Stille mich immer an Wasser erinnert: Ich kann in sie eintauchen, dann wird es still um mich wie unter Wasser, und ich bin ganz im Augenblick, ganz bei mir, höre nur meinen eigenen Herzschlag.

Und wie oft ist es in der Praxis anders! Ich erinnere mich an Gebetszeiten, in denen ich mit meiner Aufmerksamkeit überall war – nur nicht bei mir selbst, in der Stille. In solchen Momenten denke ich dann daran, dass das Mittagessen nicht nach meinem Geschmack gewesen ist und es hoffentlich »etwas Gescheites« zum Abendessen gibt. Oder ich frage mich, warum der Mitbruder, der beim Gebet neben mir sitzt, sich ständig schnäuzen muss und warum der stets hustende Mitbruder nicht endlich mal etwas dagegen unternimmt. Oder ich rege mich darüber auf, dass so wenige Gäste an den Gebetszeiten teilnehmen. »Mein Gott«, denke ich in solchen Momenten, »über was kann man sich nicht alles aufregen?« Es gibt doch auch Mitbrüder, die eine gleichbleibende Ruhe in sich tragen und auch ausstrahlen, die in allem gelassen bleiben, sogar gleichbleibend freundlich und höflich, egal, wie die Menschen ihnen begegnen. Sie machen den Eindruck, dass sie immer in der Ruhe, der Stille, im Gleichklang oder im Einklang sind, wie auch immer man diesen Zustand nennen will. Oft beneide ich sie und frage mich immer wieder, wie ihnen das wohl gelingt.

Ein anderes Symbol für die Stille und die innere Ruhe, dem ich in der Natur begegnen kann, ist der Baum. Wenn ich in der Nähe von Bäumen bin, fühle ich mich beschützt und geborgen. Viele Bäume sind schon einige hundert Jahre alt, stehen immer am gleichen Platz. Man fragt sich dann: Wie tief mögen die Wurzeln dieses alten Baumes sein? Wie weit sind sie verzweigt? Welche Unglücke, Kriege, Streitereien, Friedensschlüsse mag er schon gesehen haben? Welche Liebesschwüre mögen an ihm gesprochen worden sein? Wie viel Vögel haben in ihm geruht und Schutz gesucht? Wie viele Winter und Sommer sind an ihm vorübergezogen? Nichts von all dem konnte diesen Baum entwurzeln. Seine tiefen und starken Wurzeln gaben ihm Halt und Kraft.

Für viele Menschen ist der Baum ein Symbol des Lebens. Wenn Menschen im Alltag Stille suchen, um bei sich anzukommen, sagen sie häufig: »Es ist wichtig, die eigene Verwurzelung zu spüren und in sich die Kraft zum aufrechten Stehen zu entdecken – auch im Widerstand! Verwurzelt muss man sein, aber auch zum Himmel aufgerichtet.« Mit Himmel meinen sie Gott, Göttliches oder eine größere, beschützende Macht. Wenn wir also still werden und in uns ruhen, können wir auch äußeren Stürmen gewachsen sein. Vieles kann dann getragen, vielleicht auch ertragen werden und auch anderen können wir Schutz und Halt geben.

Wenn wir einmal bewusst durch die Natur gehen, können wir viele Schönheiten entdecken, die immer wieder neu faszinieren: Schmetterlinge und Bäume, Blüten und reife Felder und Früchte, Weite und Tiefe. Gerade in Situationen, in denen die Seele eingetrübt ist, tut es gut, die stille Schönheit der Natur auf uns wirken zu lassen. Wenn wir dem Schönen erlauben, sich in unserer Seele zu spiegeln, kann dies aufklarende Wirkung haben. Wir können uns von dort auch frische Blumen oder Zweige mitnehmen und sie in unsere Wohnung stellen, um uns in den Tagen danach immer wieder an ihnen zu freuen und uns an die Ruhe und Stille der Natur und ihre Schönheit erinnern lassen.

Eine Frau sagte mir in einem Gespräch, dass sie immer dann, wenn sie sich nicht gut fühlt, besonderen Wert auf Schönheit legt. Ihre Aufmerksamkeit gilt dann der Körperpflege, guter Kleidung oder auch der Gestaltung eines schönen Abends. Es kann aber auch der Besuch einer Ausstellung sein, das Aufräumen der Wohnung oder sich bewusst Zeit zu nehmen, um sich etwas Gutes zu essen zuzubereiten – schöne Dinge oder Erlebnisse tun der Seele einfach gut.

Ich bin

Das Feuer im brennenden Dornbusch offenbart Mose den Namen Gottes: ich bin da. In der Stille einer Sternennacht am Lagerfeuer werde ich mir immer wieder dieser stillen Gegenwart Gottes bewusst. Ich erinnere mich, dass er eine schützende Macht über und in meinem Leben ist. Die Geborgenheit und die beruhigende Macht einer Sternennacht spüre ich aber nur, wenn ich nicht nur physisch präsent bin, sondern auch meine innere Aufmerksamkeit darauf konzentriert ist. Soll sich die stille göttliche Präsenz und Gegenwart in mir widerspiegeln, muss auch ich im jeweiligen Augenblick präsent sein. Das klingt jetzt einfach und logisch, vielleicht zu einfach. Das ist es aber ganz und gar nicht.

Unsere Gedanken wandern sehr oft. Sie gehen aus der Gegenwart in die schönen Urlaubserinnerungen von gestern, sorgen sich um all das, was morgen zu tun sein wird, wenn wir merken, dass der heutige Tag nicht ausreicht, um alles Anstehende zu erledigen. Diese vielen Gedanken verursachen eine Ruhestörung im Kopf.

Manchmal sagen wir das sogar: Mir brummt der Kopf. Dann wurde eindeutig zu viel gedacht an einem Tag.

Gott ist anders. Er ist einfach da. Will ich ihn als Grund meines Lebens, meiner Ruhe und Gelassenheit wahrnehmen, muss ich im Jetzt präsent sein. Nur im jeweiligen Augenblick kann ich in die innere Ruhe und Stille finden, die seine beschützende Gegenwart mir schenkt.

Für mich kann das heißen: in Ruhe und Gelassenheit im Augenblick sein, ihn genießen und das jetzt Anstehende tun. Zum Beispiel beim Stundengebet in die Ruhe des Psalmengebetes einzutauchen, in der Meditation den ruhigen Atemrhythmus wahrzunehmen statt abzuschweifen und mich über irgendetwas Nichtiges aufzuregen.

Unabhängig von der Natur kann ich an jedem Ort, an dem ich mich aufhalte, bewusst den Boden unter meinen Füßen spüren und wahrnehmen: ich habe hier einen Grund für mein Leben. Das kann ich im Supermarkt machen, während einer Sitzung, im Zug. Gedanken, die mich aus dem Augenblick herausführen wollen, kann ich weiterziehen lassen, nicht beachten – wie in der Meditation auch. Ich bin wie ein Berg, an dem sie vorüberziehen. Dann wird auch mein Kopf nicht so schnell brummen, weil er nicht so schnell durcheinanderkommt. Er denkt nicht bereits das Nächste, während ich noch das andere tue.

Der heilige Benedikt greift das in seiner Regel auf, wenn er sagt: »Öffnen wir also unsere Augen dem göttlichen Licht« (RB, Prolog 9). Mit seinen Worten beschreibt er hier genau das, was der kleine Mönch erlebt, als er gemeinsam mit dem Abt den Psalm singt und die Sterne über ihnen leuchten. Wenn wir uns so der Gegenwart Gottes öffnen, dann meint Stille nichts anders, als dass wir uns von den Gedanken nicht verwirren lassen und allem Unbefugten keinen Zutritt in unser Inneres gewähren. Wir wissen: Gott ist da, seine Gegenwart macht mich in meinem Herzen ruhig und gelassen. Unter seinem großen Sternenhimmel sind wir geborgen.

Eine so verstandene Stille bedeutet dann aber auch, dass sowohl der kleine Mönch als auch wir singen dürfen bei der Arbeit und natürlich auch sprechen dürfen. Das geschieht dann aber aus der Stille unseres Herzens heraus, aus dem Einklang mit uns und Gott. Es ist das, was wir heute mit »authentisch« bezeichnen. Das Gesungene und Gesprochene soll nichts Aufgesetztes sein, nichts, was aus Verlegenheit entsteht. Es ist keine Geschwätzigkeit und schadet anderen nicht. Vielmehr werden es Worte und Lieder sein, die Licht sind und anderen Hoffnung schenken, die ermutigen zum nächsten Schritt und etwas von dem Licht der Sterne widerspiegeln.

»Öffnen wir unsere Augen dem göttlichen Licht, und hören wir mit aufgeschrecktem Ohr, wozu uns die Stimme Gottes täglich mahnt und aufruft: Heute, wenn ihr seine Stimme hört, verhärtet eure Herzen nicht!«

RB Prolog 9

Fragen

Wie geht es dir am Abend eines Tages? Wie stark brummt der Kopf auf einer Skala von 1 bis 10 (1 = wenig,10 = mein Kopf platzt gleich)? Beobachte und notiere es. Lege dir eine Tabelle an. Wenn innerhalb einer Woche der Durchschnitt ein höherer Wert ist, solltest du handeln, um wieder mehr im Hier und Jetzt anzukommen, dich und dein Gehirn zu entlasten, den Gedankenlärm zu reduzieren. Falls dir das schwerfällt, kann eine der folgenden Übungen vielleicht dabei helfen.

Noch eine weitere Idee, um zu visualisieren, wie und wo du mit deinen Gedanken, deinem Kopf bist: Gestalte dir einen Spielplan mit verschiedenen Feldern: Gestern, Jetzt, Morgen, Urlaub, Familienfeier und so weiter. Frage dich am Abend: Wo war ich heute mehrheitlich: im Gestern, im Augenblick, im Morgen, beim Urlaub? Stelle Spielfiguren auf das jeweilige Feld oder zeichne einen Strich hinein. Stellst du fest, dass du mehrheitlich nach einer Woche nicht im »Jetzt« gewesen bist, kann dir ebenfalls die untenstehende Übung helfen.

Übungen

Wenn dir wieder der Kopf brummt, du nicht weißt, wie du alle Aufgaben bewältigen sollst und mit deinen Gedanken ständig woanders bist, mach was »Verrücktes«:

- Mache einen Spaziergang – Genieße die Natur und ihre Stille!
- Verreise ein Wochenende und genieße die Ruhe! Vielleicht fährst du in eine neue Stadt und entdeckst sie staunend, jeden Augenblick etwas anderes. Du kannst aber auch deine Stadt neu entdecken. Spiele Tourist! Versuche einmal, alles so zu betrachten, als sähst du es zum ersten Mal. Oder nimm dir einen Stadtplan und geh an Orte, an de-

nen du noch nie warst. Nimm dir diese Zeit, auch wenn du dringend andere Dinge tun müsstest.

- Geh in eine Sternwarte. Betrachte den Himmel, genieße die Weite und wisse dich beschützt!

- Pflege und zelebriere die Schönheit! Koch dir ein gutes Essen, richte deine Wohnung schön her oder räum auf, gönn dir etwas Schönes! Komm darin zur Ruhe, heraus aus deinem Kopf, in die Wahrnehmung deiner selbst und des Lebens! Feiere dein »Ich-bin«.

- Geh in eine Kirche/Kathedrale, nimm dir ein Gesangbuch und suche dir einen Psalm heraus. Bete ihn, sage ihn laut oder leise auf, spüre, wie es widerhallt und nimm die beschützende Atmosphäre und ihre Ruhe wahr, die jetzt entsteht.

- Steh in einer Sternenacht auf, geh in den Wald oder auf das Feld, stell dich unter das Himmelszelt, betrachte es und genieße seine Weite und Größe; lass das Licht in dein Herz fallen und sich darin spiegeln!

Nachdem sie das »Ehre sei dem Vater« gesungen hatten, verneigten sie sich zum Abschluss. Dann wandte sich der Abt zum kleinen Mönch und sagte: »Sieh nach deinem Eimer! Was siehst du nun?«

Der kleine Mönch war erstaunt: »Da nun das Wasser zur Ruhe gekommen ist, spiegeln sich darin die Sterne!«

»So ist es«, antwortete der Abt mit gütiger Stimme. »Und so ist es auch mit deinem Herzen.«

Der kleine Mönch nickte.

»Und nun nimm den Eimer, geh im Garten umher, doch achte darauf, dass du das Spiegelbild der Sterne nicht verwischst!«

Der kleine Mönch nahm vorsichtig den Eimer, ging vom nachtschwarzen Tomatenstrauch zur Gartentür, machte kehrt und kam wieder zurück. Er achtete sehr darauf, das Wasser im Eimer nicht zu bewegen.

»Siehst du?«, fragte der Abt. »Du kannst gehen, wohin du willst, du kannst über den lärmenden Markt laufen, du kannst reden, du kannst singen – und doch kannst du dir im Herzen die Stille bewahren, die dir die Sterne zeigt.«

Der kleine Mönch verneigte sich tief und dankbar.

Dann gingen sie gemeinsam zurück ins Haus, und als der kleine Mönch die Treppen zu seiner Zelle emporstieg, setze er vorsichtig Fuß um Fuß, damit sich in der Stille seines Herzens im klaren Wasser die Sterne spiegeln konnten.

Ruhe bewahren – Tipps zum Abschluss

Zu Beginn lud Vater Abt den Mönch ein, den Wert der Stille neu zu entdecken. Jetzt weiß der kleine Mönch, dass in seinem Herzen immer Stille ist. In ihm spiegeln sich die Sterne, die Weite des Kosmos und das Gefühl: Ich bin getragen und aufgehoben. Nichts muss mich wirklich verwirren und aus der Ruhe bringen. Daher zum Abschluss hier noch einige Tipps, um die Stille zu bewahren – auch in lauten Zeiten.

Vielleicht kennst du folgendes Spiel aus Kindertagen: Man bekommt einen Löffel, auf dem ein rohes Ei liegt. Gemeinsam mit mehreren Mitspielern, die auch jeweils ein solches Ei haben, muss man nun auf einer im Rasen gekennzeichneten Linie (nebeneinander) laufen bis zum Ziel – und zwar so, dass das Ei nicht herunterfällt. Und das in möglichster kurzer Zeit. Wer am schnellsten über die Ziellinie kommt, ohne dass das Ei herunterfällt, hat gewonnen. Stelle dir Ähnliches mit der Stille vor: Du trägst sie wie auf einem Silbertablett vor dir, wie eine Kugel, die nicht herunterfallen, die bewahrt bleiben soll. Damit dir das gelingt, kannst du einen Schritt langsamer als sonst durch den Tag gehen, konzentriert und aufrecht am Schreibtisch sitzen. Beobachte, wie du isst, wenn die Stille bewahrt werden soll, du sozusagen im Gleichgewicht bleiben sollst.

Suche dir einen Gegenstand, der dich an die Stille erinnert, zum Beispiel eine kleine Kugel, ein besonderer Stein, ein Ring, einen Anhänger. Immer dann, wenn du Gefahr läufst, deine innere Stille und Ruhe zu verlieren, du an lauten Orten bist, nimm ihn in die Hand, streiche darüber und mach dir bewusst: Ich bin mehr als dieser Lärm. Ich lebe, ich atme, ich bin präsent. Ich genieße mein Dasein – das lasse ich mir durch den Krach, den Lärm, das hektische Treiben nicht nehmen. Dafür bin ich mir zu wertvoll und ist mir mein Leben zu wertvoll.

Bist du an Orten, deren Lärm dich irritiert, stört, selbst hektisch macht – Bahnhof, Flughafen, Straßenverkehr und so weiter –, dann richte deinen Blick auf schöne Dinge in deiner Umgebung: auf Blumen, die blühen, Vögel, die singen, Menschen, die eine positive Ausstrahlung haben. Oder leiste dir eine Kleinigkeit – ein Eis oder eine Schokolade oder was du sonst gerne magst – und genieße sie. Freue dich an den schönen Dingen des Lebens, anstatt dich betrüben zu lassen und unruhig zu werden.

**Bibliografische Information
der Deutschen Nationalbibliothek**

Die Deutsche Nationalbibliothek verzeichnet diese Publikation in der Deutschen Nationalbibliografie. Detaillierte bibliografische Daten sind im Internet über http://dnb.d-nb.de abrufbar.

3. Auflage 2026

Lektorat: Marlene Fritsch
Illustrationen: Elli Bruder
Gestaltung: Matthias E. Gahr
Druck und Bindung: Pustet, Regensburg
ISBN 978-3-7365-0280-2

www.vier-tuerme-verlag.de